生态和美家园
陇南市实施乡村振兴战略的探索与实践

中共陇南市委宣传部◎主编

光明日报出版社

图书在版编目（CIP）数据

生态和美家园：陇南市实施乡村振兴战略的探索与实践 / 中共陇南市委宣传部主编 . -- 北京：光明日报出版社，2025.1. -- ISBN 978-7-5194-8389-0

Ⅰ. F327.423

中国国家版本馆 CIP 数据核字第 2025CQ7855 号

生态和美家园：陇南市实施乡村振兴战略的探索与实践
SHENGTAI HEMEI JIAYUAN：LONGNANSHI SHISHI XIANGCUN ZHENXING ZHANLÜE DE TANSUO YU SHIJIAN

主　　编：	中共陇南市委宣传部		
责任编辑：	章小可	责任校对：	郭玫君　温美静
封面设计：	中联华文	责任印制：	曹　净

出版发行：光明日报出版社
地　　址：北京市西城区永安路 106 号，100050
电　　话：010-63169890（咨询），010-63131930（邮购）
传　　真：010-63131930
网　　址：http://book.gmw.cn
E - mail：gmrbcbs@gmw.cn
法律顾问：北京市兰台律师事务所龚柳方律师

印　　刷：	三河市华东印刷有限公司
装　　订：	三河市华东印刷有限公司

本书如有破损、缺页、装订错误，请与本社联系调换，电话：010-63131930

开　　本：	170mm×240mm		
字　　数：	179 千字	印　张：	13
版　　次：	2025 年 1 月第 1 版	印　次：	2025 年 1 月第 1 次印刷
书　　号：	ISBN 978-7-5194-8389-0		

定　　价：89.00 元

版权所有　　翻印必究

编委会成员

主编：王文东　马　军

编委会成员：王文东　马　军　毛树林　沈文辉
　　　　　　冉创昌　袁媛远

摄影：毛树林　冉创昌　部分图片由各县区委宣传部提供

校对：袁媛远　沈文辉

序

建设美丽乡村是全面建设社会主义现代化国家的重要内容，是实现乡村振兴战略的重要抓手，是焕发乡村文明新气象的内在要求，是一项民生工程、民心工程。近年来，陇南市以习近平新时代中国特色社会主义思想为指导，认真践行"两山"理论，坚持生态陇南、绿色崛起的发展取向不动摇，努力把陇南建设成为典范城市、魅力城市、节点城市。部署开展"绿水青山就是金山银山"实践创新基地创建，进一步促进"两山"转化，内外兼修一体推进美丽乡村建设，走出了一条生态美、产业兴、百姓富的可持续发展之路，书写了广大农村践行"两山"理论的生动答卷。在第二届中国城市质量发展与国际合作大会上，陇南市荣获"绿色生态高质量发展十佳城市"称号。在新华网第八届绿色发展论坛上，陇南市荣膺"2022乡村振兴绿色实践优秀城市""2022绿水青山就是金山银山实践优秀城市"，"两山"实践创新基地典型转化等两个案例入选典型案例。

在美丽乡村建设推进过程中，陇南始终秉持"绿水青山就是金山银山"的发展理念，以人民为本、生态为先、文化为魂、产业为基，分层次、多模式、全域化推进美丽乡村建设，形成了"康县模式"等美丽乡村建设的成功经验。坚持保护和建设并重打造良好环境。在保护中建设、在建设中发展、在发展中提升，立足境内高山、河谷、丘陵、盆地交错的地形地貌，通过生态保护和综合治理，让古朴的村庄既体现真山真水、青山绿水，又做到显山露水、依山傍水，实现了美丽乡村与自然山水的有机结合，呈现出一幅幅山水画的美景。建设过程中不砍树、不埋泉、不毁草、不挪石,不搞大拆大建,建设材料就地取材,利用旧砖瓦、石碾子等废旧物件和当地资源精心打造小节点、小景观,建成了康县凤凰谷村、徽县稻坪村、成县西狭村等一批环境优美的生态文明村。加强对古村落、古民居、古建筑、古树木、古农具等的保护、开发和利用,加大对传统艺术、传统技艺等地域文化的发掘、传承和弘扬力度,建成了康县朱家沟村、文县草河坝村、宕昌县岳藏甫村、徽县青泥村等一批望得见山、看得见水、留得住乡愁的历史文化名村。**坚持**特色农业和旅游同抓促进群众增收。立足资源优势,面向市场需求,坚持种养加循环、田园综合体等农业绿色发展模式,促进生态建设和产业发展协调推进,大力发展油橄榄、核桃、花椒等集绿化和经济一体的特色林果产业,实现生态效益和经济效益双赢,全市特色产业面积稳定在1000万亩以上,实施延链补链强链行动,推动油橄榄、中药材等优势绿色产业全产业链发展,让群众在产业链上实现增收致富,2021年全市农业特色产业产值达210亿元,对农村居民人均可支配收入贡献率达42.47%,农村居民人均可支配收入9314元,同比增长11.2%,增速排全省第一。用"美丽乡村"点亮"乡村旅游",打造了康县花桥村、何家庄村,两当县灵官村等一大批享有盛名的旅游乡村,建成全国乡村旅游重点镇1个、重点村4个,创建国家等级旅游民宿6家,省级乡村旅游示范县1个、示范村27个,省级旅游振兴乡村样板村5个,2021年全市游客接待量1662万人次,实现旅游综合收入83亿元,分别增长15%、13%,努力让"美丽乡村"变成"美丽经济"。**坚持**治理和激励并行提升文明程度。在加强"硬件"建设的同时,更加注重在滋润人心、德化人心、凝聚人心的"软件"上下功夫,在乡村全面推行民事直说"1234"工作法,及时收集解决群众关心关注的村里事、乡里事、家里事,群众既是建设者,也是受益者,促进了法治、德治、自治的有机结合。开展形式多样的文明实践活动,合力推动习近平新时代中国特色社会主义思想家喻户晓、社会主义核心价值观深入人心。治理高价彩礼,推动移风易俗,积极开展文明村镇、文明家庭、星级文明户、美丽农户创建及好媳妇、好公婆评选活动，广泛开展感恩教育和廉耻教育，引导广大群众崇德向善、见贤思齐、争先创优，促进家庭和睦、邻里和谐，推动农民精神风貌全面提振、良好社会风尚蔚然成风。

习近平总书记在党的二十大报告中提出"全面推进乡村振兴"，强调"建设宜居宜业和美乡村"。为新时代新征程全面推进乡村振兴、加快农业农村现代化指明前进方向。近期，市上制定了乡村建设行动实施方案，部署开展"5155"乡村建设示范行动、"2510"乡村振兴示范行动等九大行动，实施生态及地质灾害避险搬迁、农村道路畅通工程等八大工程，必将推动我市宜居宜业和美乡村建设取得新的更大成效。

为深入学习贯彻党的二十大精神，践行"两山"理论，实施乡村振兴战略，进一步推动美丽乡村建设，市委宣传部组织力量，在开展实地走访调研的基础上，筛选了45个具有较强代表性、借鉴性、推广性的美丽乡村建设典型村，对建设成效和经验进行了系统梳理，编纂成《生态和美家园》一书。此书既是展示陇南美丽乡村建设理念、做法和突出成效的重要载体，能让广大干部群众真切感受到发生在陇南大地上的山乡巨变；也是进一步推进乡村建设，提升美丽乡村品位层次的重要资料，对于打造更多宜居宜业和美乡村具有较强的学习借鉴价值。深入实施乡村振兴战略，扎实推进和美乡村建设，功在当代、利在千秋，希望通过本书的刊发，进一步激发陇南儿女投身乡村振兴的热情和动力，进一步争取社会各界对陇南美丽乡村建设的理解和支持，促进城乡融合发展，打造美好生活福地，加快建设社会主义现代化幸福美好新陇南。

目 录
CONTENTS

第一章　武都区　1

张家院村：陇蜀之村　幸福加码　2

张坝村：传承乡愁　振兴范本　6

坪垭藏族乡：藏乡江南　醉美坪垭　10

赵钱坝村：清新之旅　提档升级　14

凤屏村：水韵秘境　绿色交响　17

第二章　宕昌县　23

鹿仁村：青山绿水　羌韵佳境　24

山背、罗湾村：山湾梦谷　羌寨蝶变　28

玉岗村：红色沃土　全面振兴　32

岳藏甫村：旖旎鹅嫚　逐梦小康　35

第三章　文县　39

冉家村：两江诗意　振兴风光　40

李子坝村：茶香景美　展示新姿　44

马家山村：生态茶园　振兴画卷　48

白马村：山水相融　共富图景……53

草河坝村：白马山寨　歌唱幸福……57

联丰村：产业引领　推进振兴……61

第四章　康县……67

桂花庄村：千年金桂　绽放新颜……68

凤凰谷村：凤凰涅槃　一朝蜕变……71

福坝村：美丽福坝　魅力福地……75

何家庄村：点绿成金　诗画田园……79

花桥村：诗意栖居　振兴样板……83

天鹅湖新村：景美民富　幸福愿景……87

朱家沟村：康养胜地　业兴人和……91

第五章　成县……97

南山村：山川锦绣　稳步发展……98

梁楼村：乡村乐园　载梦起航……102

草滩村：绿水青山　永续增值……106

西狭村：景村融合　振兴画卷……110

第六章　徽县……115

贺店村：乡村如画　民风日新……116

稻坪村：嘉陵江畔　古村振兴……120

郇庄村：千年古村　沉淀繁华……123

青泥村：古道驿站　续写繁荣……127

田河村：嘉陵江畔　璀璨明珠……………………………………………131

三泉村：古韵青泥　花映三泉……………………………………………135

第七章　西和县…………………………………………………………141

宁家村：仰韶之光　绽放芳华……………………………………………142

鱼洞村：千年仇池　肇始振兴……………………………………………146

谢庄村：邂逅晚霞　乡遇乞巧……………………………………………150

稍峪村：传承乞巧　开拓振兴……………………………………………154

第八章　礼县……………………………………………………………159

同心村：秦皇湖畔　圆梦小康……………………………………………160

新庄村：山水蝶变　幸福启新……………………………………………163

祁山村：三国名村　华丽蝶变……………………………………………166

青林村：小陇山下　乡村正美……………………………………………170

文家村：诗意乡村　幸福文家……………………………………………174

第九章　两当县…………………………………………………………179

陈家沟：果老故里　养生福地……………………………………………180

棉老村：长寿慢村　振兴先行……………………………………………183

乔河村：绿色领航　聚力发展……………………………………………186

太阳村：红色引领　绿色唱和……………………………………………189

第一章 武都区

张家院村：陇蜀之村　幸福加码

群山竞秀、绿水长流。贯穿枫相全境的大团鱼河一路呼朋引伴，绵延几十里，汇集渭河、曹家河等涓涓细流。如果沿着曹家河河口溯流而上，呈现在面前的将是一个集农家客栈、乡村旅游、茶叶加工为一体的美丽乡村田园综合示范村——枫相乡张家院村。

张家院村

张家院村 　　　　　张家院村

近年来，枫相乡党委、政府抓住国家实施乡村振兴战略重大机遇，按照"业兴、家富、人和、村美"的总要求，着力加快推进幸福美丽新村建设，全面提升农村发展基础、生活质量、人居环境，打造幸福美丽新村升级版，蹄疾步稳推进乡村振兴。

张家院村

【陇蜀之村　宜居宜游】

张家院村位于武都区东南方向122千米处，距离乡政府所在地20千米，毗邻四川、陕西，在陕甘川三省交界处，山清水秀，环境优美，属于北亚热带季风性气候，具有得天独厚的优质绿色有机茶生长的自然生态条件。全村辖刘家坪、张家院、艾和坪、曹家河四个自然社，共106户315人。

走进张家院村，拾级而上一条条舒适平坦的水泥路，竹海连绵不断，小景观别具一格，颇有蜀南风韵的茶园满目新翠，更是让人流连忘返。茶叶在张家院村已有上百年的栽培历史，那些散落在丛林中、公路旁、农舍边的大小茶园星罗棋布。"春山谷雨前，并手摘芳烟，绿嫩难盈笼，清和易晚天"。在烟雨蒙蒙中，在绿意滔滔里，茶与采茶人的邂逅，成就了张家院村一年中最美的时节。张家院村也于2021年荣获省级乡村建设示范村。

这一切的美好并不是一蹴而就的，都与"努力"环环相扣。在实施美丽乡村建设方面，张家院村抢抓裕河大景区建设的历史机遇，以打造"陇蜀过渡带、康养第一村"为目标，以夯实乡村振兴、实现文旅融合发展为目的，大力推进乡村建设行动。在具体设施建设当中，充分遵循自身发展规律，保留林、田、路、房等乡村气息浓郁的原有自然生态环境，科学利用自然植被、坡地、沟道、水渠等，利用废旧砖木等材料，打造特色景观，建成了村史馆、农家客栈、景观石、竹林、茶壶、千年古树等景观28处。

如今的张家院村，路平灯明、水清塘净、绿树成荫、花草相伴，是名副其实的美丽宜居乡村：田间地头，忙得不亦乐乎的村民们正在翻地、除草、修剪枝丫；新建的休闲文化广场上，孩子们嬉戏玩耍，休息的大婶在乐声中跳起了广场舞；温馨整洁的农家小院里，涌动着和美的生活气息……

【留住乡愁 传承文化】

"让居民望得见山、看得见水、记得住乡愁。"村史馆承载着家乡昔日的光荣与梦想，见证着沧桑巨变，寄托着孩子们的乡愁。在张家院村，一个小小的村史馆让村里人忆起峥嵘岁月，珍惜现在的幸福生活，蕴含着强大的正能量。

张家院村史馆建成于2021年12月，展馆面积102平方米，场馆共三间房，占地102平方米，是由农户的旧生产用房改建而成，共分为三个主题展厅。第一间展厅"一部村史——演绎着村庄发展变迁"重点介绍了张家院村从新中国成立初到十八大以来村庄的演变史，展示出张家院人在党的领导下，走过了岁月风雨，走过了艰难困苦，走出了一条世世代代期盼的致富路、小康路、幸福路；第二间展厅"一把工具——见证着社会生产发展"，古朴的纺车、笨重的耕犁、锈迹斑斑的马灯……通过一件件老物件，展示出张家院人艰苦奋斗、自力更生、治山治水、苦干实干的时代精神；第三间展厅"一种习俗——蕴含着人民生活智慧"，"男嫁女娶"、点清饭、松枝腊肉、流水席"八大碗"，张家院村的特色充分展现出这里的乡土文化和民俗风情。

张家院村还建成了全市第一个村级档案馆，分门别类地收藏了中央及省、地区、县、乡、村六级组织，涉及党建、土地、组织、民政、村级财务等9大类268份文献档案资料，较为完整地记录了1964—2004年以来张家院村历史轨迹。透过一页页泛黄的纸张，仿佛穿越时空，寻觅到了张家院人拼搏奋斗的精神源泉，也看到了一个小村庄70多年的巨变。

一部村史，几许乡愁，一个村史馆，更是凝聚着村庄的历史记忆，对于丰富群众文化生活，推进乡村文化振兴、引导村民道德教育有着重要的作用。张家院村的村史馆就承载着这样的作用，也是乡村振兴路上一道亮丽的文化风景线。

【产业振兴　幸福加码】

一山千行绿，阡陌茶飘香。在张家院茶叶产业园，一垄垄茶树郁郁葱葱，舒缓地在山间展开，娇嫩的茶叶舒展玉立，散发着清香，与美丽的自然风光融合在一起……

近年来，张家院村以"茶"为媒，坚持走绿色发展和生态发展之路，在"产业兴旺"上找"动力"、寻"内力"、焕"活力"，以产业发展引领乡村振兴。从20世纪70年代，张家院开始引进茶叶种植，至今有茶园650亩，栽植品种为老茶树鸠坑，鸠坑种是原产于浙江省淳安县鸠坑乡的茶树品种，为首批通过国家级认定的十大有性系茶树良种之一。

除此之外，因地处北亚热带季风性气候，村内植被覆盖率达85%以上，为发展木耳、香菇等特色产业营造了得天独厚的环境条件。现全村共有木耳12000棒、香菇8500棒、中蜂1310箱，通过发展特色产业成功地带动农户106户，实现人均增收950元。

农村之美，不仅要美在环境、美在产业，更要美在村风、美在心灵。"仓廪实而知礼节、衣食足而知荣辱"。由此，一系列群众性农村精神文明创建活动热火朝天地开展起来："孝敬父母好儿媳""勤劳致富好家庭""热心公益好村民""环境卫生模范户""教子育人模范户""邻里和睦模范户"

等评选活动已经成为村级示范标配；开办的爱心食堂、爱心理发屋、爱心洗衣房发挥作用；每天清晨，村民们早起做好"四件事"："开窗子、叠被子、抹桌子、扫院子"，养成良好文明的生活习惯，尽情舒展身心，释放满满的幸福感。

浓墨重彩绘新景，绿水青山带笑颜。产业之美、环境之美、文化之美的张家院美丽乡村，更是成了老百姓的口中佳话，托起了乡村群众的小康梦想，奔向更加美好的未来！

张坝村：传承乡愁　振兴范本

峰峦叠嶂，草木林立，入眼满目翠色；依山傍水，宁静悠远，宛若世外桃源。

张坝村泛博物馆 　　张坝村一角

张坝村一角 　　张坝村全景

在距离陇南市区不远的地方，一条青石板砌成的山路曲折蜿蜒，从大团鱼河边通向绿荫深处。古色古香的民居院落零星散落山间，块石堆砌的房基，碎石构筑的墙体，木架结构的老屋顶上，瓦片爬满青苔。

张坝古村不仅是陇南市典型的乡土聚落，也是甘肃省聚落形态保存最完整的传统古村落建筑群之一。得益于完整活态的保护、开发和利用。如今的张坝古村，"看得见历史，留得住乡愁"，成为集中展示陇南传统农耕文化的"活态博物馆"，也成为陇南市实施乡村振兴战略的一次创新实践。

【传承保护　守护历史】

张坝古村隶属武都区琵琶镇管辖，境内沟壑纵横，河谷通达，气候温润，林密草盛。千百年来，张坝人世代在这里生息繁衍，传统的农耕生活、浓郁的田园气息、古老的民风民俗，静静地向人们诉说着千百年的故事。

由于地处阴平古道，自古商旅通行、人口迁徙、民族融合，张坝古村文化北接秦陇，南衔巴蜀，形成了独特的村落空间形态，既有山地村落离散的特点，也有平原村落集聚的特征。不同的文化背景与多样的自然地理，孕育了不同形制、不同特点、不同韵味的建筑和民俗。

一块块石板砌成的山路，曲折蜿蜒，从大团鱼河边一直通向古老的村庄，木架结构的老屋、块石堆砌的房基、黏土碎石构筑的墙体、青瓦铺盖的屋顶，院子错落有致，花草树木茂盛，果树遍布全村。这里保留了传统的农耕生活，充满着浓郁的田园气息，流传着古老的民间故事，犹如世外桃源，是令人向往的一块宝地，充满了诗情画意。

村子周围山形皱褶起伏，村落平缓且山上土层较厚，适宜植物生长与农作物种植。村子背山面水，坐西朝东，于山腰处沿等高线纵向布置，由沟谷分为南北两段。村前有"大团鱼河"流过，村民曾靠小桥与对岸相接，现存一棵千年菩提树守望着古老的观音庙。古廊桥、铁匠铺、民俗馆、28户旧民居是守望乡愁，再现传统农耕文明的活化石。

传统村落传承的独具地域特色和民族风格的乡土文化，是推进乡村振兴战略不可忽视的极为重要的资源与力量。保护和利用传统村落，对于留存乡村记忆、保护农村生态、拓展农业形态、建设美丽乡村具有重要意义。2018年上半年，陇南市开始启动古村落的保护开发项目，打造原生态的乡村旅游资源。张坝古村，这个濒临消失的古村落迎来重生。

【活态发展　承载乡愁】

走进张坝，便走进了陇之南的历史深处。在漫长的农耕岁月里，一代代的张坝村民在这里守望相助、建设家园。

村中先祖有一部分是元末明初"湖广填四川"移民时，从湖北麻城、孝感等地迁徙于此。最初共人家八户，五十二人定居此地。观此地依山傍水，河谷通达，宜耕宜渔，便修筑屋舍、开荒坑田、修建寺庙，繁衍后代。到了明中期，张坝村最早的移民族长张承祖，从军途中由江南带来的一棵小菩提树苗，现已长成根深叶茂、盘根错节的大树，任700多年寒来暑往、云淡风轻。至今菩提树高达三丈之余，仲夏花开，香溢四野，已成为张坝村人的精神源头。

从上空俯瞰，张坝村的房屋，形成了一个吉祥的汉字"寿"。自然天成，耐人寻味，充满了传奇和遐想。在这些房子中，木雕和石雕丰富厚重，极具审美意趣。木雕多用于门窗隔扇、二层栏杆，窗格多用棋盘、龟背锦等图案，个别有如意格配鸟兽花卉或什锦嵌花，相隔而望，含蓄清秀；雕则多用于台阶柱础，以刀为笔、以石为纸，方寸之间尽显优秀传统文化之厚重。

在张坝古村，中国传统乡村的建筑之美、文化之美和精神之美，都是非常值得研究的课题。不砍树、不埋泉、不毁草、不挪石，以保护性开发为主，不搞大拆大建。在保护和修复的过程中，当地政府注重保护乡村自然生态资源和乡音乡愁，加强古村、古街、古坊的保护，让古村里的一砖一石、一瓦一梁都被完整地保存下来。

敲敲打打中，张坝古村的模样逐渐复原：鳞次栉比的老民居中仿佛又能听到往日的喧闹，火塘上的吊锅依然散发着乡土生活与农耕文明的温暖，古老的观音楼仍然呵护着乡村隐秘而又慈善的精神寄托，转动了千年的水磨坊还在诉说着日出而作日落而息的四季轮回。

【绿水青山　振兴范本】

陇南对张坝古村的保护，不是简单地圈地保护，修旧如旧，而是科学合理地开发推进古村落旅游，不仅让古村落的原生态得到了充分保留，还尝试为游客打造休闲养生的观光点和风景区。

老村里，游客接待中心、陇南传统民居泛博物馆、产业馆是缩略陇南优秀传统特色民居和地域特色产业的展示地，整个村庄是甘肃省完整保留的最具有完整形态的古村落。新村里，家家户户小楼房，日子过得红红火火。

尽心、尽情、尽力，几年来的整治、建设和美化工作，让张坝古村得以完美蝶变。同时，张坝村在产业发展上做"大文章"，全村88户贫困户全部加入养蜂、养猪专业合作社，通过"合作社+贫困户"的模式，积极探索农村"三变"改革，实现资源共享、帮带协作、抱团发展，带动村集体和村民双增收。

2021年，张坝村党支部积极对接帮扶单位省文联，开展了摄影展览、书画文艺创作、直播展销、文艺演出等系列活动，为游客提供了融入自然、文化与生产生活方式的沉浸式、个性化体验，进一步提升了张坝村旅游品牌的知名度。

保留了传统的农耕生活，充满着浓郁的田园气息，流传着古老的民间故事，是令人向往的一块宝地。张坝这个"世外桃源"被越来越多的游客发现，张坝古村的名字也越来越响亮，吸引了许多自驾游和康养休闲人士慕名前来，古老的张坝正重新绽放出勃勃生机。

如今，张坝古村落积极以巩固脱贫成果、有效衔接乡村振兴、不断发展壮大乡村观光游为契机，以古村落保护打造为载体，逐步升级成一个集游玩、观光、食宿、购物、网店为一体的乡村旅游热点，乡村喜现"人来了、村活了、业兴了"的良好局面。

坪垭藏族乡：藏乡江南　醉美坪垭

仰望高高的山巅，聆听山上雪松的低吟，走进山明水秀的"藏乡江南"。

沐浴着暖阳的新坪垭，立体凸现，如是莲花。偌大的"莲塘"里，烤酒的汉子唱酒曲，织锦的姑娘跳锅庄，而不断赶赴这里的人们满面春风。

经幡飘动，莲花盛开。这里是一片净土，能让躁动的心性归于平静。如果你也对这片土地充满信仰，满怀期许，那就去坪垭，带着信仰，收集美好。

【藏乡江南　醉美坪垭】

坪垭藏族乡是甘肃陇南市4个藏族乡之一，全乡辖9个村，1432户、6369人。位于白龙江南岸高半山地带，距离市区35千米，距离朝阳洞景区1.5千米，兰渝铁路依村通行、

坪垭新貌

肉兔养殖产业

村子一角

兰海高速穿村而过，交通便利，环境优美，物产丰富，人杰地灵，鸟语花香，民风淳朴。

2016年启动实施整乡易地扶贫搬迁项目，投资4.69亿元，把8个村1236户、5731人从高山区搬迁至川坝区，藏族群众生产生活条件发生了翻天覆地的变化。坪垭藏族乡也先后被评为全国民族团结进步示范乡镇、全国易地扶贫搬迁美丽安置区、全国脱贫攻坚先进集体等。

从武都驱车向西行进40分钟左右，在212国道上便可看到白龙江对岸的坪垭藏族乡。远离了城市的喧嚣，远离了川坝河谷地带的葱茏绿意，别有一番风味。向着观景台乘车盘旋而上，呼吸着虽寒未冷且没带任何杂质的新鲜空气，一股凉爽沁人心肺，远处的山峦层林尽染，雪线以上一道白，而雪线之下一层红黄相间，绵延百里。到达易地扶贫搬迁观光台，首先映入眼帘的是由四川阿坝州设计院设计的以"十四颗佛珠"为主题的1号安置区。鲜明的藏族风格让人感觉到了异域风貌，一排排藏式民居自上而下排列有序，统一的规划，整齐的布局，14个宽大的平台，14排错落有致的藏式民居，就像"十四颗佛珠"隆起在这块吉祥的土地上。

如今，这座干净、舒适、整齐、美观的藏式小镇，一群幸福快乐的藏家儿女，在那朵莲花的中心广场上载歌载舞，歌颂着新时代的美好生活。村旁的大道旁，白龙江一如既往地奔流向东，渐行渐远的山影，经幡还在飘，坪垭人在欢歌……

【文化遗产　活态传承】

坪垭作为武都区境内唯一的纯藏族乡，是一个古老而神奇的地方，蕴藏着深厚的历史文化。伴着洁净的白龙江水与广袤的高山丛林，世代生活在这里的藏族，在同汉文化等其他文化相互影响和不断交融中，创造了包括哲学宗教、藏医藏药、音乐舞蹈、戏剧曲艺、建筑美学、工艺美术等丰富多彩、绚烂多姿的文化，它是坪垭人世代繁衍、生生不息的精神支柱。

这里的居民们几乎人人都会演藏剧《松赞干布迎亲记》，该剧主要描写了松赞干布自登基继位以来，雄才大略，高瞻远瞩，歌颂了他为中华民族的统一奠定基础及维护民族团结等方面作出的巨大贡献。坪垭藏族乡继承和弘扬传统藏戏文化，通过传统藏戏的艺术表现形式，用现代化的舞台创作，下大力气进行创造性转化、创新性发展，将藏戏之路走得更长远。高亢动人的唱腔、生动淳朴的表演、引人入胜的剧情、朴素深沉的舞美，都极具艺术感染力，引发了观众强烈的情感共鸣。

同时，在优先发展基础教育的基础上，充分尊重少数民族的风俗习惯和历史文化，挖掘坪垭羌姆傩面舞、同心圆锅庄舞、锦带工艺、酒曲文化、特色美食等民族文化遗产，通过培养一批民族文化传承人，积极申报非物质文化遗产，将坪垭藏族乡非物质文化遗产争取成为全国申遗项目，让藏乡坪垭文化长久传承，丰富提升民俗文化内涵，引领带动民俗文化旅游产业发展，让藏乡民俗文化成为发展资源。

如今，坪垭藏族乡已经形成了结合传统藏文化，让游客体验当地自然、文化、生产生活方式的独特文旅模式。每逢佳节，藏族群众和游客们穿盛装、点供灯、唱祝酒歌、跳锅庄舞，欢欢喜喜歌颂新生活。

【产业发展　幸福藏乡】

产业发展壮大是推动实现乡村振兴的根本之策，也是引领搬迁群众增收致富的源头活水。坪垭藏族乡按照"山上有生计、山下好生活"的发展思路，大力发展"3+6"山地特色产业，积极推行"党支部＋企业＋合作社＋农户"的发展模式，实现坪垭藏乡花椒、油橄榄、特色小杂粮、肉兔养殖等"四大支柱"特色产业提质增效。

沿着旅游路盘桓，站在高处俯瞰，大半个坪垭藏族乡尽收眼底，首先映入眼帘的是腰道村旧房沟百亩油菜，再往前走是赵杨坪村连片荞麦以及梯田，最具特色当属鹿连村肉兔养殖，最后来到俄儿村，勃勃生机的千亩油橄榄正在茁壮成长，这些是藏乡群众追逐乡村振兴好日子最坚定的脚印，他们种下的是种子，收获的是希望。截至目前，全乡种植花椒1.4万亩，发展油橄榄产业460亩，种植订单高粱1700亩、订单辣椒400亩、荞麦等其他小杂粮3000多亩。

坪垭藏族乡藏式风格整乡扶贫搬迁安置区

　　特色，就是藏乡的竞争力和生命力。近年来，坪垭藏族乡围绕"藏乡江南、醉美坪垭，经幡飘动、莲花盛开"这一主题，通过发展乡村旅游，激发群众发展的内生动力，努力把坪垭打造成集自然风光、生态农业、民俗文化为一体的藏乡旅游网红打卡"新标地"。通过对旅游路的挖掘打造，可以让游客更加清晰地了解藏乡坪垭的发展历程，追梦启航的搬迁区以及原汁原味的旧寨古村落，既能展现搬迁前后的历史对比，又能让游客感受藏族同胞古老、原始的生活方式，再现藏乡悠悠历史，从而留住丝丝乡愁。

　　从土坯房到小洋楼、从深山到平川、从贫困到致富，生产生活环境的改变，易地搬迁让祖祖辈辈土里刨食的"老农户"，告别了面朝黄土背朝天的"旧光景"。如今在新家园里，处处是笑脸、时时有欢乐，坪垭群众趁着好政策的东风，依靠自己的努力，不断奋斗出幸福生活。易地搬迁搬出新希望，也让幸福生活扎了根。

　　藏乡江南，醉美坪垭。这里不仅有无与伦比的风景，更有远离城市喧器的宁静，要是有机会，一定要选择来坪垭一趟，这一定是人生中一次不可错过的旅行。

赵钱坝村：清新之旅　提档升级

"裕河山水甲天下，无处清华不忍留"是文人笔下的裕河风光；
"山是嶙峋骨，树是秀美衣"是游客眼中的裕河景色。

省级美丽乡村赵钱坝是裕河镇政府所在地，坐落在群山环抱着的一个塬掌上，远远看去，灰瓦白墙错落有致的建筑群恰是一枚飘落在塬掌上的巨型枫叶，有"中国版图的几何中心""甘肃武都的后花园"之称，成为武都及周边县区人们的避暑游玩胜地。

民宿 　　　　　　　　　　　　　　金丝猴

茶园子 　　　　　　　　　　　　　赵钱坝村全貌

【山明水秀　清新之旅】

赵钱坝村地处五马河两岸，距武都区98千米，东临康县梅园沟，南接陕西宁强县、四川青川县，是陕、甘、川三省交界地带。境内海拔在660~2347米之间，气候温和，河流众多，动植物资源丰富，不仅有茂密的森林资源，而且是多种珍稀野生动物的栖息地，是独具特色的山、水、林、园旅游景区。

这里不仅是森林的王国，更是山的世界。境内四处环山、森林茂密，千山一碧、万木竞秀，蜿蜒起伏的道路，绵延不断的群山，川流不息的溪水，旅行中犹如游历山水画廊。在一片浓浓的烟雾中，奇峰高耸入云，神秘莫测，浓雾深锁的山峦林木茂盛，路旁一簇簇金黄的野菊花散发出浓浓的馨香，满山草木的气息，遍野泥土的芬芳，在这雾气笼罩下的天地里，足以让人沉醉而忘情。深深呼吸着山林的气息，静静观赏着路边的风景，只感到赏心悦目的惬意，沁人心脾的满足。

五阳公路，蜿蜒曲折，跌宕起伏，像是镶嵌在山水间的完美曲线，沿途青山绿水，风光秀美，一条路将裕河多个景点串联起来，加上本身所具有的艺术感，它被誉为"裕河最美公路"。这条线路将五马、裕河与阳坝演绎成首尾相接的近百平方千米的江南风光、融入大九寨旅游圈，是南下陕西、通往四川的重要省际出口公路。一路上可享受不同的视觉盛宴，或郁郁层林，或村落茶园，可谓步步是景，景景不同。如果要问，这条环山路究竟有多美，那不如即刻出发，来这里大口呼吸新鲜的空气，领略这片天空上那一抹醉人的蓝，体验"天然氧吧"的舒畅，尽情欣赏清新自然的美丽，感受九曲十八弯的刺激。

【提升形象　综合拉动】

赵钱坝曾是茶马古道的商贾集散地，热闹非凡。相传，古时候有个富商觉得这里山清水秀，交通四通八达，是一个宜居宜商的落脚点，于是，便在这里定居下来。年老后，担心人来人往或者遇见土匪打家劫舍，便将几十缸装满金银财宝的大缸秘密地埋在了地下。可惜，还没有来得及向儿女们详细交代这埋缸的事情，便一命呜呼了。当时，只要是沾亲带故的几十口人漫山遍野的挖坑找钱，但都没有找到。后来，这里定居的人越来越多，为了减少本族的矛盾，保持家宅安宁，有个足智多谋的学士便提出将这里流传的"找钱坝村"改称"赵钱坝村"。

七古崖社是赵钱坝村的四个社之一，现在这里有27户人的房，全部是石砌地基、土木结构、明椽明瓦的老房子，最老的一百多年，最新的也有三十多年。近年来，按照"三善""四平"的要求和"一保二建三修四拆"的原则，裕河镇在处理好"拆"和"保"关系的基础上，加强了对古建筑、古民居的保护，不仅传承了传统文化，延续了历史文脉，更留住了乡愁记忆。

漫步在七古崖社，可以看到青石的小路、古树、石墙，还有四合院、三合院、尺子拐民居，在这里可以寻找到最原始的乡村风光。土墙青瓦兼具陇蜀风格的传统民居错落有致，让人在袅袅炊烟、鸡犬相闻中，感受到裕河最原始的风土人情。从远处看去，一座座土墙青瓦的民居飘起了袅袅炊烟，好似一幅水墨画。走进村子，鸡犬相闻，田间地头村民正在辛勤劳作。

随着裕河镇美丽乡村建设的深入推进，赵钱坝村依托自然生态特色和民俗特征，打造特色民宿，发展乡村旅游，到这里游玩的人逐渐多了起来，家畜家禽、林果蔬菜、手工制品变得畅销，农村再无闲人和富余劳动力，综合拉动作用充分显现出来。

【提档升级　蓄满后劲】

赵钱坝是古老的。这里是中国西北茶马古道上的一条重要支路，很多民间礼仪仍保存着远古风韵。

赵钱坝是年轻的。五阳路的贯通，将裕河融入了陇南和陕甘川大旅游圈。

于古老中，焕发新颜；于新颜中，追溯古韵。这里，吊鼎锅、石磨等传统生活工具设施依然代代相传；火锨馍、罐罐茶、豆花面、土酒、蜂蜜等农家美味让人垂涎三尺；打锣鼓草、男婚女嫁的民俗文化完整地保留至今……因为旅游，赵钱坝的青山绿水和当地百姓一起，变得更加滋润。

近年来，裕河镇抓住政策机遇，践行"绿水青山就是金山银山"的理念，基于得天独厚的旅游资源，以康养圣地自然禀赋为基础，拓宽休闲旅游产业渠道，优化现有资源，依托美丽乡村、旅游集散地等建设，以茶叶观光示范园、农家客栈、民俗建设为基础，发展乡村旅游产业，不断提升村庄旅游品质，裕河旅游品牌正在形成。

为把"人无我有"的茶叶产业做到最大化，赵钱坝村加大对茶叶生产、加工的科技培训，不断完善茶园综合管理，采用"党支部＋企业＋合作社＋农户"发展模式，进行茶叶加工、销售，合作社每年以总投资额的6%支付收益，村集体每年稳定收益3万元。在助推脱贫攻坚的同时，真正让茶产业成为群众增收致富的重要途径。

留下了无数岁月沧桑印记的裕河小镇，正在进一步发掘乡土文化，着力打造一个集生态、文化、养生、休闲于一体的特色小镇，用秀美风光吸引八方游客。而今，这里的老百姓已实现了从砍树卖木头，到坐在家门口"售卖"风景的华丽转身，他们从绿色发展中获得了"真金白银"，年旅游业经营收入力争超过1000万元，本地农民从旅游获得的收入占总收入的43%。

徐徐回望，一个立足本市、联系全省、面向全国的特色秘境美丽乡村，已自信地展开双臂，仪态万千地迎接各方客人的到来，将进一步推动裕河镇全域旅游开发，吸引更多企业前来发展，带动村民就业增收，为乡村振兴提供原动力。

凤屏村：水韵秘境　绿色交响

这里是绿色农庄、生态养殖、养生休闲的首选之地，是野外探险、水上运动、骑行野营的美妙之境，是科学考察、民俗研究的最佳地方……裕河，富裕的裕，被群众称为"万宝山、流金河"，这里的人们祖祖辈辈都有着富裕的梦想，凤屏亦在其中。

近年来，裕河镇依托资源优势，选择主导产业，着力建设"小而精、特而美"的"一村一品"示范村镇，2020年，凤屏村获得全国"一村一品"示范村镇认定，逐渐形成一村带数村的发展格局，壮大了乡村产业的队伍，有效推动了乡村振兴战略的实施。

民宿　　　　　　　　　　　　　　　　茶园一角

【水韵秘境　深山碧珠】

凤屏村位于甘肃裕河国家级自然保护区，地处陕、甘、川三省及秦岭山系与岷山山系的交汇地带，境内海拔在660~2347米之间，平均海拔在1080米左右。全村总面积27平方千米，共5个村民小组，174户640人。

每年的春夏之交，是凤屏村最美的季节之一，境内棕榈舒展、芭蕉丛生，有奇峡幽谷、古树参天、流泉飞瀑、浅溪深潭，村落错落于山水田园中，晨雾缭绕，如诗如画，恰似人间仙境，素有"天然氧吧、水木裕河"之美誉。这沁人心脾的清新透彻，这灵动悠然的自然风光，只要看上一眼，便能遗忘一切世俗烦恼。

值得一提的是，凤屏村拥有着独特的亚热带向暖温带过渡的山地森林生态系统，是裕河金丝猴自然保护区的核心区域，在这里生活着近1000只野生川金丝猴。优越的生态环境和周边群众的呵护，为其生存提供了良好的生活空间，保护区成为它们自由栖居的乐园。近年来，武都区抓住大熊猫国家公园建设的契机，发挥其"伞护效应"，保护好境内各种珍稀物种，保护好栖息地环境的完整性和原真性，加大与科研单位对川金丝猴的研究。越来越多的人踏上这片动植物资源宝库，带着家人来这里和"猴哥"亲密接触，零距离目睹和欣赏这群萌宝的生活百态，探秘更多有趣的自然科学与动植物知识，全方位领略裕河的无穷魅力。

藏在深闺的人间仙境，似一颗深山碧珠，晶莹剔透，让人爱不释手、惊艳众人，将自己独有的灵气尽情展示，等着人们体验、品位、感悟和投资。

【八福赐福　万福随至】

从凤屏村出发，去踏访八福沟，一路上有观光茶园、云顶蜂场，再往前，一条全程5.1千米的环线栈道贯穿八福沟的最精华区域，一两个小时，你完全可以保持神情自若、步态从容，全身心地和大自然来次亲昵的接触。

凤屏村全貌

从沟口进入，沿着河流到山顶大约2.5千米，这是山水乐章的序曲部分。凤屏的"三瀑"就隐藏在这山谷里，溪水清凉透明，阳光空蒙含混，游鱼细石、闲花野草、光影动荡。上苍既然慷慨地赐予这片深山峡谷丰沛的水资源，那么它的水景一定是最大的看点。在河谷中，有着罕见的瀑布群落。站在清澈见底的山涧边，能看到小鱼在细石中畅游，头上的阳光在林间闪烁。远望飞瀑，如一条条银练次第在峭壁展开，四周水雾蒸腾，轰响声响彻云天、震耳欲聋；近观，瀑流如白雪飞洒，烟波飘渺，气势磅礴。它们从几十丈高的山涧奔涌而泻，在下面汇成十几米深的深潭，潭满而溢，清澈的瀑水顺着峡谷飞奔而走，蔚为壮观。

此沟名为"八福"，这又是什么讲究呢？原来，八福沟景区背靠鹰咀山，此山在当地被尊为神山，初时生活有八户人家，故称"八户沟"，同时还因沟内有八瀑八潭，又名"八湖沟"。近年来，当地政府加快旅游景区升级步伐，以"进八福、观三瀑、赐八福、祛三忧、上云顶、做神仙"为景区建设思路，目前已经建成八福沟生态观光栈道6.5千米，从入口到出口的岩壁山石之上，共有中国篆刻名家篆刻的8个字体不同的福字，因此景区得名"八福沟"。更有趣的是，随处可见的陇南裕河八福沟二维码导航图，扫一扫何为"八福"，拍照积福的互动游戏，据说集齐八福的游客便会万福随至。

【绿色交响　梦想启航】

一层层田园一层层绿，一片片茶叶一片片翠。凤屏村八福沟内的茶园绿意葱葱，在云雾缭绕中颇有柳暗花明之感。

作为甘肃茶叶三大产区之一，凤屏村为把茶叶产业做大做强，推动茶叶产业提质增效，推进转型升级，于2018年11月引进陇南臻怡澜悦茶业开发有限公司，采用"公司+合作社+农户"的发展模式，带动全村180户茶农增收。公司每年收购裕河镇鲜茶叶15000多千克，销售额700余万元。龙头企业带动，带来的好处显而易见，茶叶的品质得到提升、生产规模得到扩大，群众精细化种植的积极性大大提高，下一步将逐步实现辐射到全镇的茶园增产、农民增收、企业增效的目标。

裕河八福沟风光

  良好的生态、丰富的物产，是大自然对凤屏的馈赠。利用特色资源优势，村民们脱贫致富的路也越走越宽。除了茶叶种植外，凤屏村还发展中蜂养殖和中药材种植，通过帮扶单位的支持，投资50余万元新建云顶蜂场一处，去年该蜂场共繁殖中蜂240箱，实现收入12万元，产生利润2万元，为18户贫困户分红10800元。种植天麻52亩，产量41000千克，实现收入32.8万元；种植猪苓40亩，产量12000千克，实现收入30万元。

  再次来到这个小山村，凤屏如同被拂去灰尘的珍宝，把自身的劣势变优势，把资源变资本，在青山绿水间熠熠生辉，回荡成绵延百里的绿色"交响曲"——站在洗心桥上，洗涤心灵、释放灵魂；走在拾级而上的栈道，看瀑布群落、听鸟叫虫鸣；坐上观光车，看活泼可爱的金丝猴，沿途美景尽收眼底；在村里，喝一碗鱼甲土酒，尝一口金丝崖蜂蜜，品一杯清茶，享受一种禅意；来到栖迟民宿，下榻一间森林小屋，吸到最纯粹的氧气，远离城市车水马龙的喧哗……

树牢生态理念，做实绿色文章。这里，因振兴而变得更加美丽。未来，凤屏将立足得天独厚的自然风光、原生态的田园生活，走绿色发展道路，高质量发展乡村旅游业，推动农业产业化、产业园区化、园区景区化、农旅一体化，真正实现经济效益与生态效益的"双向奔赴"，续写脱贫攻坚衔接乡村振兴的精彩故事。

第二章

宕昌县

鹿仁村：青山绿水　羌韵佳境

"官鹅佳景，不可胜举；名胜阆苑，陇原美谈。"

有人说，官鹅沟是一幅画，宕昌县是一本书。有人说，鹿仁村既是一幅画，又是一本书。

如今，位于官鹅湖畔的宕昌县城关镇鹿仁村，依托丰富的自然资源、历史文化遗存和区位交通优势，以官鹅沟争创国家5A级旅游景区为契机，充分利用东西协作和援建项目资金，持续强化组织保障，不断改善基础设施，大力培育发展富民产业，全面推进基层综合治理，官鹅沟正在崛起成为陇南大地上一颗璀璨的旅游文化明珠，鹿仁村也真正成了"藏在青山绿水中的羌韵佳境"。

《航拍中国》剧组在鹿仁广场拍摄锅庄舞　　　　宕羌傩舞

【风光秀美　乡村宜居】

鹿仁村位于国家5A级景区官鹅沟内，距宕昌县城10千米。全村现有4个村民小组187户807人，其中藏族94户412人。

官鹅沟国家森林公园于2022年7月，被确定为国家5A级旅游景区，2020年12月通过国家5A级旅游景区景观质量评审，被正式列入国家5A级旅游景区创建名单，创建区域总面积达66平方千米。

鹿仁居民居

官鹅沟是甘肃省重点建设的大景区之一,官珠沟、鹅嫚沟和雷古山三大核心游览区贯通连接,整体构成"U"型游览路线。境内有20多个碧波荡漾、蓝如宝石的湖泊海子,有9道雄奇幽深、仰不见天的峡谷绝壁,有20多个飞流直下、玉珠四溅的悬泉瀑布,有多处屈曲盘旋、形态怪异,堪称记录地壳运动史的地质奇观,有绿荫遮天、野风茫茫的大片原始森林,有山花烂漫、植被多样的高山草甸,有50余科700多种珍稀植物、100多种名贵药材,云豹、白唇鹿、斑尾榛鸡等4种国家一级保护动物被列入《世界自然保护联盟濒危物种红色名录》,还有23种国家二级保护动物,是天然的动植物基因宝库。位于景区最深处的雷古山,海拔4154米,是宕昌县与舟曲县的分界山,也是陇南境内的最高峰,它将官珠沟与鹅嫚沟连为一体,山顶是终年不化的积雪,雪线以下云雾缭绕、林海茫茫。巍峨的山峰、终年不化的积雪与山下的原始森林、峡谷瀑布形成绝美的景象。景区四季色彩变幻无穷,春天野花竞发,争奇斗艳;夏天绿荫蔽日,毫无暑意;秋来枫叶红遍,层林尽染;冬则白雪覆地,琼花玉树,冰柱、冰挂、冰瀑晶莹玲珑。2003年被评为国家森林公园，2007年官鹅沟被评为国家4A级旅游景区，2014年获得国家地质公园创建资格，先后获得多项荣誉。

【人文璀璨　底蕴厚重】

人文资源是旅游发展的灵魂，鹿仁村历史文化底蕴深厚，早在西晋永嘉元年（307），羌族首领梁勤建立古宕昌国。

历史的前进与演变，让这块土地披上了神秘的面纱。官鹅沟景区创建以来，鹿仁村大力挖掘历史人文素材，以传承"宕羌文化"为旅游发展主题，经过多年深入挖掘和潜心打造，鹿仁古寨已成为苯教文化的重要保护传承地，收藏有晚唐时期的古藏文苯教文献20余函，该收藏文献被"上海大世界基尼斯之最"认证为年代最久的古藏文苯教典籍。有300年历史的苯教寺院——鹿仁寺，已建有苯教传习所，正在申报"中国历史文化名村"；古羌人信奉苯教，尊崇"凤凰山神"，相传海拔4153米的雷古山是"凤凰山神"的祈福之地；宕羌傩舞是源于宕昌古羌民族的祭祀活动，已有千年的悠久历史，于2008年被列入甘肃省第二批非物质文化遗产保护

宕昌县官鹅沟鹿仁村　。冉创昌　摄

名录，正在申报"国家级非物质文化遗产"；位于鹅嫚沟的新坪村是保留较为完好的宕昌羌族民俗村，目前正在申报"中国传统村落"。

氐族青年官珠与羌族姑娘鹅嫚用爱情化解仇恨、为和平不惜献身，从而感化了两个民族，以此世代友好、和睦相处的故事为题材创作的陇剧《官鹅情歌》获得中宣部"五个一工程"戏剧优秀作品奖，被誉为"中国西部的《罗密欧与朱丽叶》"。人文资源共享、人文历史传承已成为官鹅沟景区的特色标签，在历史的传承和现实的发展中，鹿仁村走出了一条可圈可点的特色旅游发展之路。

【文旅融合　乡村振兴】

2013年，习近平总书记在湖南湘西考察时首次作出了"实事求是、因地制宜、分类指导、精准扶贫"的重要指示。鹿仁村在宕昌县委、县政府的领导下，积极探索拓展旅游扶贫模式，在景区范围内建成鹿仁旅游富民示范村，鼓励支持群众建成农家乐、农家客栈29家，发展特色小卖部15户、固定摊点25户，发展盆景、根雕、奇石店8家，组建了鹿仁村民俗文化演艺队，旅游从业人员达到160多人，旅游服务业已成为鹿仁村的支柱产业。同时，积极开展钢筋工等劳务技能培训和餐饮服务、手工艺加工等旅游服务技术培训，每年组织输转劳务工100人以上，每年的劳务收入达到300万元以上。旅游产业带动当地经济社会发展的支柱性作用日益显现，全村因地制宜发展特色养殖业和采摘业，利用鹿仁村植被茂盛优势，发展规模土蜂养殖户11户，养蜂500余箱，蕨菜、木耳、木龙头等山野菜采摘户20余户，成为带动全村经济发展、助推精准扶贫、精准脱贫的首位产业，为乡村振兴打下了坚实的基础。

近年来，鹿仁村两委高度重视旅游产业发展，把发展旅游产业作为首位战略，抢抓发展机遇，理清发展思路。以官鹅沟被列为甘肃省重点建设的大景区之一和宕昌县被确定为国家全域旅游示范区为契机，坚持高标准规划、多渠道投入、快速度建设、严要求管理、全方位宣传、全产业带动的景区建设总体工作思路，严格对照创建标准，不断完善规划，整合核心资源，加快景区升级改造，大力推进旅游综合配套设施建设，切实提升管理服务水平，丰富旅游内涵，倾力开展国家5A级旅游景区创建工作。

从美丽生态，到美丽经济，再到美丽生活，"三美融合"带给鹿仁勃勃生机。

站在新的起点，处于美景中的鹿仁村正全面做好巩固拓展脱贫攻坚成果同乡村振兴有效衔接的工作，描绘"业兴、民富、村美、人和"的乡村振兴新画卷。

奇山秀水看官鹅！

魅力鹿仁等您来！

山背、罗湾村：山湾梦谷　羌寨蝶变

现代化鸡舍

改造后的"山湾梦谷"大门

改造后的"山湾梦谷"一角

昔日穷山沟，今日圆梦谷。位于宕昌县两河口镇高山之巅的古老村落山背村、罗湾村，利用完好的原始风貌，融合千年的羌族文化，开辟成一个诗意栖居的乌托邦——山湾梦谷。

"山湾"者，山背、罗湾两村各取一字，融自然地理形态，汇乡村美妙意境，合天地幽静清雅，糅羌地民风民俗；

"梦谷"者，承载着民众"脱贫圆梦"，寄托着中华"复兴大梦"，回荡着地域"故国幽梦"，放飞着游客"奇缘仙梦"，凸显着陇南"绿色追梦"。

多梦云集此间，汇成"山湾梦谷"。

【新型民宿　产业升级】

"山湾梦谷"田园综合体规划面积约为3551亩，包括对农田、林地、花果林等进行土壤改造、植被栽培，新建景观艺术田园、景观花海、经济背景林、有机蔬果园。蜿蜒的山路，如同一条玉带延伸到山巅，朵朵白云缭绕于四面笼翠的群山之间，朦胧间，眼前是层峦叠嶂的山峦，"梦境"与现实交织在一起。

这里是梦开始的地方，是看得见、听得到，值得全身心去感受和体验的地方。在乡村旅游发展的路上，山湾梦谷项目共有三期，现在已经建好一期项目，其中包括6栋民宿27个床位，每一间房屋设计各不相同，但又统一于古朴风格，原来破旧的土墙、青瓦、木门与现代简中式完美对接，里院传统庭院设计有着别样的意境，走进每个院子都要经过独具特色的古廊，短短平常的几步，在这样的设计之下，平添了许多仪式感，仿佛走过这里就能抵达诗和远方。

房间每一处布景都不同，老物件、花草、书籍，以及供沐浴赏景的窗边浴缸、可以饮茶的地台……除了休息，这里还提供了不同的生活方式和态度。

山和水的融合，静和动的搭配，单调与精彩的结合，组成了最美的风景，肆意地放飞我们的梦想。沿着木板路走，土墙、原木、玻璃、阳光、泳池，甚至一朵小花，一串辣椒，不管走到哪里，都能找到浅藏一隅"惊喜"。在穹顶辉映下，在山林掩映中，闭上眼，聆听鸟语，品味花香，随处可见的植物和小设计，无论怎么拍照都美。夜幕降临，坐在阳光餐厅，灯火阑珊处，吃一顿正宗的重庆火锅，麻辣鲜香，酣畅淋漓。夜深人静时，也可到院子里煮酒夜话，在星空下数星星、话桑麻。

【深度整治　华丽转身】

山背村、罗湾村紧邻212国道，周边集中了三国、寨子屯兵、柯门道古村落等旅游资源，所在的乡镇有"三国古驿两江码头"的美称，生态环境优美，旅游资源丰富，民族风情浓郁，节庆活动精彩纷呈，是典型的"适旅"乡村。

近年来，两河口镇凝聚共识，多措并举，在保持原生态风貌的基础上，拆除私搭乱建、改造圈舍厕所、平整庭院，改善乡村道路、供水供电等基础设施，从"细"处下功夫，对山背、罗湾等村进行景区化提升改造。此外，通过环境深度整治对村里的道路绿化进行提档升级，实施通村道路升级改造6.4千米，对通村道路进行了美化、绿化，栽植行道树3800株，打造了十里花海和两个小景点，并在出新的围墙上绘制了有关党建、社会主义核心价值观、传统文化等内容墙绘。同时，通过广播、宣传栏等方式进行美丽乡村建设宣传，大力宣传环境卫生和文明创建，激发农民群众投身美丽乡村建设的热情，做到全村知晓率和参与率达到100%，促使人居环境从"面子"美到"里子"。

农田、林地变身为景观花海和有机蔬果园，闲置的民居在匠心独运中成为别具特色的乡村酒店，蓝汪汪的泳池像天空的镜子掉落在半山腰……在山背、罗湾村，占地3000余亩的田园综合体区内不时有游客"打卡"，或品茶观光，或漫步云巅栈道，或带着孩子体验生态田园采摘。经过几年的持续开发，摆脱了交通束缚和吃水困难的"云上村庄"，开门见山是风景，成为游客们眼中的"世外桃源"。昔日隐匿于大山之巅的深度贫困村落，如今变成远近闻名的高端民宿打卡地。

【集体增收　同奔小康】

腾笼换鸟、凤凰涅槃，绿水青山变金山银山，"脱贫梦想"照进现实。有梦才有远方，有梦才有未来，搬到山下的山背、罗湾人，受益于省政府办公厅的帮扶"组合拳"。

"三变改革，变出幸福生活"，激活贫困村土地、劳动力、资产等要素，促进农业生产增效、集体经济增量、农民生活增收。引导村民大力发展花椒、辣椒、中药材、养鸡、养蜂、旅游、手套加工等产业，并创新"党支部＋合作社＋贫困户"发展模式，将土地、草山、林地和部分产业扶持资金入股，让220户建档立卡群众成为股东，盘活了农村资源，创新了经营体制，增加了群众收入。

"产业在农村，就业在城镇"，通过按规划、分年度、有计划组织实施易地扶贫搬迁工程，山背罗湾两村256户1062人目前已全部搬迁入住位于宕昌县城中心路段的山水雅园小区。同时，在安置小区周边兴办"扶贫

宕昌山背罗湾

车间"，通过入股分红和就业增收，使搬迁群众有稳定的收入来源，真正实现了"搬迁一户、就业一户、脱贫一户"的目标。

"新家在城里，产业在村里"，"山湾梦谷"成为当地村民的就业选择，目前已有13名当地村民，在这里长期做餐饮、客房服务。整个项目竣工后，还将容纳更多的村民在这里务工。

心中有梦想，脚下有力量。刻在村门上的楹联"羌寨沐春风千载沧桑圆好梦，山湾承喜雨一朝兴盛谱华章"，道出这说不尽的梦想，梦想是我们对自己的期许，而这期许常新，山湾梦谷必将迎来更幸福的光景！

玉岗村：红色沃土　全面振兴

红色圣地，撮布沟口，赭墙青瓦，碧水垂柳，一个风景如画的美丽新村；温室排行，厂房矗立，产业多元，收入翻番，见证着一个乡村的振兴和希望。

宕昌县哈达铺镇玉岗村位于哈达铺镇西南，国道212线穿村而过，距离哈达铺火车站2.1千米。全村有5个村民小组，共268户1293人，其中贫困人口128户513人。全村产业结构单一，农民主要经济来源为劳务输出和中药材种植。

近年来，玉岗村党支部响应全域旅游的号召，加强基础设施建设，打造旅游景观，改善人居环境，发展乡村旅游。同时，抢抓中央财经大学帮扶机遇，以党支部建设标准化为抓手，推行"党支部＋合作社＋农户"模式，大力发展富民产业，形成了以"加工、种植、旅游"等多元发展的产业体系，群众收入大幅增加，有力助推脱贫攻坚同乡村振兴的有效衔接。

【休闲胜地　宜居宜游】

从兰海高速哈达铺出口驶出，不远处便是玉岗村。

青山怀抱，小桥流水，田园农家。走入玉岗村，这里的村道干净整洁、房屋错落别致，有青瓦红墙，亦有小桥流水，宛如江南小村，一条曲流小溪串起了幢幢青瓦屋顶、红边黄墙的农家小院，宽阔干净的人行步道引着我们走过四角木亭、秋千躺椅，景色宜人，美不胜收。村里金龙庙后有一片面积约为1500亩的森林，山顶距地面海拔落差约为350米，植被茂盛，空气清新，原始森林更具"天然氧吧"的功能。置身于有着公园般景色的玉岗村，谁能想到，几年前，这里还只是宕昌县西北部的一个偏远村落。

从"偏远之地"到"休闲胜地"，小小玉岗村的独到之处究竟在哪？

其实，前往当地著名的旅游景区官鹅沟，一定会路过玉岗村。值得一提的是，玉岗村还依傍着当地赫赫有名的"陈家水泉"，喷涌而出的泉水水质纯净、清冽甘甜，四季长流。近年来，宕昌县挖掘玉岗村的水资源优势，做活水文章，结合生态文明美丽乡村建设，努力打造"青山为屏、山泉为脉、依水造景、水环绕村"的玉岗村新面貌。现在，玉岗村新铺修了人行步道和景观渠，建了2座凉亭，步道两边栽满了树，放置了石椅、秋千，开放式农家小院的改造升级也正在进行。

小桥流水，青山环绕，气候适宜，家园靓了，村民们发展的信心更强了，一个宜居、宜游、宜养、宜业的玉岗村，正以最佳姿态呈现在四方游客眼前。

【红色信仰　代代相传】

这是一片将红色信仰刻进基因代代传承的坚韧土地。1935年红军到达哈达铺时，玉岗村百姓积极支持红军，为红军提供大量物资，救治伤员，红军战士，帮助村民挑水，教授种养殖技术知识等，村上青年们也以参加红军为荣。从抗战时期作为党支部建设的光辉典范到在发扬党的优良传统方面成为"坚强的战斗堡垒"，再到如今开展新时代党支部的标准化、规范化建设。

玉岗村把挖掘红色资源、传承红色文化、讲好红色故事作为推动乡村振兴的重要举措，积极收集当年红军复员证、抗美援朝军用茶杯、红军锅、纺车等大量文物资料，并争取中央财经大学资金126.2万元建成村史馆，对红色文化资源进行普查梳理，并对收集到的红色事迹、文物、资料在村史馆集中展示，充分激发红色文化软实力，坚定文化自信，奋力走好新时代的长征路，激励和鼓舞全村人民为建设幸福美好新玉岗而努力奋斗。

同时，玉岗村党支部把调动群众积极性、引导群众参与、激发内生动力作为抓党建促乡村振兴的重要方面，扎实开展党群活动日，组织党员群众开展政策宣讲、民事直说、集体活动等，有效对接服务，解决突出问题，提升了群众对村级班子和村干部的满意度。完善村规民约，引导村民开展"五好家庭""卫生先进"创评活动，积极践行社会主义核心价值观，消除群众"等靠要"思想，补齐"精神短板"，实现物质精神"双提升"。

玉岗村先后被评为"陇南市先进党组织""甘肃省抓党建促脱贫攻坚先进党支部""国家森林乡村"和"全省标准化先进党支部"。

【三变改革　产业增收】

如果说曾经的"陈家水泉"只是村民日常生活中的一瓢水，如今的它却成了盘活整个玉岗村经济发展的一脉"金泉"。

流水潺潺，林茂草丰，越来越多的人走进这里，留在这里。玉岗村借助中央财经大学驻村帮扶地优势，村党组织充分发挥牵头抓总作用，全面挖掘村内资源，带领村级班子积极争取多方支持，成立4个村办合作社，分别由村党支部委员进行包抓，采取线上与线下、自主发展和租赁相结合的运营方式，着力推动村内特色产业从无到有、从小到多，逐步向多品种、规模化、标准化、品牌化方向发展。在产业发展过程中，深化"三链"建设，在产业链上设立党员示范岗5个，党员示范棚2个，明确党员责任区4处，探索建立了"党支部＋村办合作社＋党员致富能手＋农户"的产业化组织体系。

在现代产业发展过程中，玉岗村积极借鉴"三变改革"模式，成立恒盛堂原生态健康饮品开发有限公司。村集体以水资源入股，农户以土地入股，项目总投资1.2亿元，共生产5类产品，现日均可生产"锶畅"饮用天然泉水50万瓶。同时，抢抓电商发展机遇，打造玉岗村绿色农产品品牌，开展直播带货，打开销售市场，农产品已走出甘肃，销往北京、上海等市场，玉岗村已经与光大银行够精彩商城、陇南电商等企业建立长期供货关系，实现常态化销售。

目前，玉岗村村集体产业共实现销售收入150多万元，共给村民分红47.38万元，给村民带来直接收入超过70万元。

产业兴旺、生态宜居、乡风文明、治理有效、生活富裕，玉岗村近两年实施乡村振兴战略，让农业成为有奔头的产业，让农民成为有吸引力的职业，让农村成为安居乐业的美丽家园。

岳藏甫村：旖旎鹅嫚　逐梦小康

露凝云散，显现出妩媚动人的身姿，美丽的藏族村寨与幽静的山水相依相偎，红瓦黄墙，错落有致，步入其中，听溪水潺潺，观远山层林，赏鸟语花香，看岁月静好，宛如置身于人间仙境。这里，是陇南美丽乡村——宕昌县新城子藏族乡岳藏甫村。

岳藏甫村广场

岳藏甫村位于官鹅沟大景区鹅嫚沟内，是一个藏族聚居村落，全村辖4个村民小组151户630人，其中藏族107户434人，占总人口的68.7%。

近年来，岳藏甫村依托东西协作帮扶和少数民族乡村发展政策，抢抓鹅嫚沟景区建设重大机遇，紧紧围绕"产业兴旺、生态宜居、乡风文明、治理有效、生活富裕"的总要求，坚持把乡村振兴战略与美丽乡村建设相结合，以发展乡村旅游为龙头，以增加农民收入为核心，以农村人居环境整治为着力点，以培育文明新风为抓手，用足用活政策措施，持续深入推进美丽乡村建设，推动了乡村振兴战略在藏乡落地生根。

【旖旎娥嫚　碧绿纯净】

走进岳藏甫村，很难不被眼前的美景所吸引——气势恢宏的寨门，色彩鲜艳的经幡，沿路而建的羌藏特色民宿，炊烟袅袅、烟云缭绕，与清澈的溪流相映成景，浑然天成。

官鹅美景，最美鹅嫚，人人向往。岳藏甫村境内平均海拔在1800米左右，

岳藏甫村

岳藏甫村全貌

野奢酒店

森林覆盖率达到90%。有油松、枫相、桦木、油桐、杜仲、青冈、椴、棕、樟、竹、漆树等多种植物，山鸡、野猪、野山羊、鹿等珍稀野生动物和红豆杉等珍稀植物，也拥有着独特的亚热带向暖温带过渡的山地森林生态系统，气候温润，景色宜人。走进干净整洁的村里，角落里也都散发着独特的韵味，一砖一瓦一门一窗，它们偏安一隅，却让人感到惊艳，它们满载着文化碎片和藏乡风情，带给人无尽的遐想。

近年来，岳藏甫村深入开展"拆危治乱"和全域无垃圾创建工作，通过清垃圾、整杂物、治沟渠、拆废违、绿家园、美环境，村容村貌实现了美丽"蝶变"。同时，按照高起点规划、高标准设计、高质量建设的总要求，硬化村道、改造农户危旧房屋、修建排污管道等，夯实了村内基础设施，切实改善了人居环境，提高了群众满意度和幸福感。

古朴的"藏羌村落"，完成了"传统"与"现代"交融下的美丽嬗变，一个崭新的岳藏甫民俗村焕发出夺目光芒。

【逐梦小康　硕果累累】

现在的岳藏甫村，已是远近闻名的乡村旅游胜地，地道浓郁的藏乡风情，旖旎多情的山水风光，正不断吸引着越来越多的游客。在这里，或信步徜徉体验羌藏民俗风情，重拾田园情结；或体验攀岩、穿越丛林、水中汀步等精彩活动；或留宿客栈，静赏山中别样的风花雪月；或在华灯初上时，跳起美妙的锅庄舞，别有一番滋味。

据了解，岳藏甫村在巩固好原有的养蜂、养牛和养鸡等增收产业的基础上，不断调整产业结构，依托东西协作帮扶资金和民族乡镇"两个共同"项目资金，立足于岳藏甫资源禀赋和区域优势，建成锅庄广场、民俗馆、祭祀台、烧烤园、小吃街、"网红桥"、攀岩、穿越丛林、水中汀步等旅游娱乐项目；鼓励和支持群众开办农家乐、农家客栈20家，设立小吃摊位16家，开办小卖铺12家，引导群众参与乡村旅游。从2018年开始，岳藏甫村每年接待各类游客达8万多人，创综合经济收入300万元。

官鹅沟野奢酒店坐落在宕昌官鹅沟岳藏甫村，周边是静逸的湖泊、郁郁葱葱的小山，以山野、民俗、田园等官鹅沟山水为背景，加之设计感很强的现代接待酒店和可枕云摘星而眠的"帐篷"或"小屋"。这一项目是青陇东西扶贫协作创新的"旅游+帮扶"模式，以产业带动宕昌经济发展，2019年底青岛旅游集团与宕昌县官鹅沟旅游开发有限责任公司共同出资，组建陇南市青陇文旅投资集团有限公司，以国际化的标准建设官鹅沟野奢度假酒店。该项目总投资约1.4亿元，总占地面超过5万平方米。酒店包含21顶帐篷、51栋木屋、游客服务中心、康养中心、西餐酒吧等综合服务体。项目在2021年9月份竣工，2021年10月份进行试营业，现已正式对游客全面开放。

让绿水青山变成财富，把乡土文化变为旅游资源，从"风景"到"钱景"，一个产业兴旺的岳藏甫村正迸发出勃勃生机。

【乡村振兴　幸福出发】

在岳藏甫村，让人难忘的不只是美丽的风景，淳朴的民风、文明的乡风更让人印象深刻，阡陌舍巷、晨炊烟斜、庭院洁净、邻里和谐，煮一壶清茶，悠闲地坐在院子里拉家常、话愿景，惬意而美好。

近年来，结合藏族群众的生活习惯，岳藏甫村重点开展移风易俗活动，大力宣传社会主义核心价值观，成立了"红白理事会""村民道德评议会""村民议事会"，组织开展了"五好文明家庭""好婆婆、好儿媳""环境卫生示范户"等系列文明示范评选活动，促进了乡风民风转变，培育了家庭和美、邻里和睦、村社和谐的农村社会新风尚。2018年，岳藏甫村被省文明委授予"省级文明村"荣誉称号，2019年被评为"全省旅游示范村"和"全国乡村治理示范村"，2020年被评为第六届"全国文明村镇"。

文明似一道绚丽彩霞，让岳藏甫村变得更美丽。人们越来越惊喜地看到，农民精神新风貌、乡村文明新气象，正在为岳藏甫乡村振兴注入强大力量。

春有鸟语花香，夏有微风拂面，秋有百果成熟，冬有瑞雪一片。风景如画的岳藏甫村，看得见巨变，留得住乡愁，富得了村民……美丽的民俗藏族村落，风景这边独好。

第三章 文县

冉家村：两江诗意　振兴风光

云山苍苍，江水泱泱。

漫步在冉家村的观景步道上，沁人的花香伴着春光，美丽的村舍宛如桃源。花草掩映、山水相融，倾诉着"两江交汇"的诗画风光。移步换景，白水江、白龙江"两江"在此处汇流，张开怀抱托起冉冉升起的耀眼明珠。

文县玉垒乡冉家村地处文县"四大雄关"之一的玉垒关景区，国道212线横穿境内，交通便利，水路畅通，是自古兵家必争的"陇蜀咽喉"。全村辖3个村民小组（关头坝、冉家坪、水沟山），共有98户281人。

"志之所趋，无远弗届；穷山距海，不能限也。"乡村振兴的探索和实践正承载着冉家人民的诗情画意款款而来，一幅乡村振兴的恢宏画卷正在白水江畔徐徐展开。

冉家村一角　　省级非遗花灯戏

【玉垒雄关　山水画卷】

冉家，因水而生、因水而美、因水而兴。

冉家村位于白水江、白龙江交汇处，地处三国郭淮屯兵的玉垒关。站在冉家村的观景平台，可看到玉垒雄关的全貌：两江夹岸，呈半岛之势，地形犹似一张巨型龙嘴——发源于川西岷山中段郎架岭的白水江，浩浩荡荡流经九寨沟县、文县，倾泻千余里，与从甘南出发的不缓不急而来的白龙江，在玉垒关拥抱，千万年冲刷洗涤，形成了今日黑龙嘴的半岛形状，除了一些村落里有大片平地，多数地方为起伏有致的丘陵地带，自然景观极富层次感。

沿着蜿蜒曲折的盘山公路而上，不一会儿工夫，美丽的冉家村便进入了眼帘。道路两边溢满了盛开的鲜花，花香袭人，沁人心脾；17盘圆形的、古朴的石磨饱经沧桑，述说着三国时期的动人故事；古民居的窗上雕有"福禄寿喜"，院中有一颗鸳鸯树，游人们在树下许下心愿，期盼美梦成真；村舍掩映在茂林修竹中，充满了浓浓的乡愁，虽未贴近，但那种自然的亲近味道油然而生。

玉垒雄关两口交汇

近年来，文县抓住"商、养、学、闲、情、奇"等旅游新要素，积极推进乡村振兴工作，积极挖掘玉垒乡自然山水和人文历史资源优势，积极谋求融入大九寨旅游经济圈，冉家村也立足地理位置、自然环境、特色文化三大旅游产业发展优势，全力推进旅游产业、特色农业、文化产业的深度融合，力争把这里打造成为旅游带动性的乡村振兴样板村。

雄奇壮阔的碧山翠峰、芳草萋萋的库区湿地、萦绕着山势静静流淌的两江水、身姿伟岸的关头坝和筏子坝大桥……构成了一幅幅精妙绝伦的山水图画，冉家村先后荣获"省市级文明村""国家AAA级景区""全省乡村旅游示范村"等荣誉，成为九寨沟黄金旅游"线上美丽乡村游"的新亮点，全村呈现了一幅幅产业兴旺、生态宜居、乡风文明、治理有效、生活富裕的新图景。

【千年古村　历史美传】

捡拾历史的脚印，重塑记忆的折痕。作为一个历史悠久的古村落，冉家村地处巴蜀文化与秦陇文化过渡地带，历史文化积淀丰厚、多元文化融合共生，形成了丰富多彩的非物质文化遗产资源。

玉垒花灯戏，主要流传于玉垒乡和碧口镇。据《袁氏家谱》记载，玉垒花灯戏是由湖北移居四川酉阳，后又移居玉垒的袁氏家族在明代开创，通过历代南来北往的艺人改进与融合而形成的独特剧种。玉垒花灯戏于2006年9月公布被列入甘肃省第一批省级非物质文化遗产代表性名录。不同于中国戏曲剧种中的其他"花灯戏"，玉垒花灯戏在表演形式上借鉴了秦腔、川剧的元素，兼有戏剧和社火的特点。演出期间戏台前后挂满各种彩灯，彩灯与歌舞交相辉映。

建安二十年(215)，曹操平定汉中时就充分认识到了阴平重要的军事战略地位，因此，他把阴平从县级建制提升到郡级建制的高度，首设阴平郡。曹操死后，其子魏文帝命郭淮为雍州刺史督阴平事，郭淮派兵把守玉垒关。营房坪，是郭淮主营区石磨出土之地，磨子坪是郭淮守兵打造磨子的地方，鞍子坪是士兵制作马鞍的地方，郭家里是郭淮驻兵落户之地，冲天观是隐姓埋名士兵的皈依之所，羌王殿在更高更深处。

走进景色怡人的冉家村，道路宽阔平整，两侧茂林修竹，青草野花点缀其间，房舍整齐洁净，广场亭台布局精巧，花灯戏广场传习所、金海爷庙宇以及郭淮屯兵遗址等人文景观已建造一新，更有乡村舞台上玉垒花灯戏咿咿呀呀说唱不停，还有道路两旁的石磨盘静靠土坎，仿佛依然在回味玉垒关前的金戈铁马和虎啸猿啼。此时，不管身在冉家何处，都能看到青石幽径、古朴农家小院相映成趣，都能体味到库区山村的独特韵味，让人流连忘返、赞叹不已。

【产业兴旺　助力发展】

肥沃的农田，充足的阳光，再加上干湿分明的气候，大自然给予了冉家村最宝贵的财富，也为这片土地增添了最好的"乡村振兴"画笔，绘就了具有冉家特色的美丽画卷。

冉家村主要种植玉米、小麦、荞麦、大豆等粮食作物，经济林果以核桃、油橄榄、柑橘等为主，养殖以养牛、养羊、养蜂为主，全村均适合栽植天麻、芍药、白及等中药材，发展种植菌类黑木耳和梁刺尖、香椿等山野菜。

近年来，玉垒乡扎实发展经济林果提质增效，落实综合管护措施，确保提升产量，增加群众收入，一颗颗"黄果果""蓝果果"变成了村民致富的"金果果"。冉家村采取"党支部+合作社+农户"运行模式，鼓励能人大户和专业合作社发展以猪鸡饲养为主的畜禽规模养殖，培育规模养殖户，带动农户发展养殖业，整合村内集体资源，盘活集体经济，带动全村群众发展致富。

有了产业，农民有了发展的底气，乡村振兴也多了一重保障。2021年以来，玉垒乡深入贯彻落实中共中央、国务院关于巩固拓展脱贫攻坚成果同乡村振兴有效衔接的决策部署，围绕"巩固、拓展、衔接、振兴"出实招、抓落实，全村脱贫人口家庭人均纯收入由2020年年底的9000元增加到当前的12000元，脱贫成果得到了巩固拓展，全面推进了乡村振兴，实现了良好开局。

冉家村

"冉冉云蒸，蔚百里瑞图，钟灵毓秀；家家梦美，拥一方热土，乐业安居。"如今，走进冉家村，映入眼帘的是一片姹紫嫣红的鲜花盛开，小山村在竹林旁依山而建，新建成的小洋楼、干净整洁的街道、气派的小戏楼、鲜艳的文化墙、宽敞的文化广场……无不展示着美丽乡村的新气象，一个美丽乡村旅游新亮点正扬帆奋进、阔步向前。

李子坝村：茶香景美　展示新姿

风起兮，茶韵悠悠，陌上美如画。伴着缕缕和煦的阳光，走进文县碧口镇李子坝村，山峦起伏，薄雾轻飞，绿林苍翠，庭院窗明几净，湖水清澈如镜，素雅的农家小院一路排列开来，透出田园茶乡的蓬勃灵气。

在建设美丽宜居乡村的进程中，李子坝村创新"村企农"共建共享模式，做好"农业+"文章，因地制宜打造茶旅融合美丽乡村示范样板。如今，在李子坝村，道路宽敞了、房子漂亮了、水变清了、环境变美了、诗

第三章 文县 | 45

意变浓了,村民幸福感的成色也更足了。

【魅力茶乡　自然馈赠】

坐落在北纬33度的李子坝茶园,隶属甘肃文县碧口镇,与川、陕交界,是甘肃白水江国家级自然保护区内唯一地处摩天岭南坡的村庄。

李子坝与四川省广元市青川县山水相连,属于亚热带气候,森林覆盖率达90%以上,气候温和,冬无严寒,夏无酷暑,是避暑休闲绝佳之地。李子坝地处国家级白水江自然保护区,区内物种丰富,有大熊猫、金丝猴、羚牛、大鲵、红豆杉、珙桐等珍稀动植物,2004年被联合国教科文组织誉为"人与自然生物圈"。

李子坝村民宿

李子坝村一角

李子坝村茶园

村域内高山峡谷、瀑布众多,森林密布,自然山水秀丽,5000多亩茶园镶嵌在河谷两旁,与原始森林相接,四季葱绿,一幅自然生态茶园风光甚美,四季风景各异,令人流连忘返。每年到了春和景明的采茶时节,层层碧绿妆山高,满园茗香飘古道。

夏日绿荫蔽日，凉风习习，李子坝是绝佳的避暑胜地。秋天漫坡菊飘香，红叶仿佛如彩墨泼洒，好似一幅长卷跃入眼帘。冬天海拔1700米的高山上，白雪皑皑，经久不融，一派北国风光。

李子坝村

"高山雨雾出好茶"，好的地理环境、好的气候条件、优质的茶树原料，使李子坝的茶叶种植有着悠久的历史，最早的种植时间可以追溯到清道光年间。李子坝茶园位于海拔1000多米的深山之中，林密土肥，云雾缥缈，光照充足，气候湿润，昼夜温差大，干物质积累多，极为适合茶树的生长，其茶叶因汤色清亮、味道醇厚、空杯留香的特点而驰名陇上。对于当地人来说，茶树是大自然的恩赐，一山连着一山，一片连着一片，家家种茶，户户卖茶。茶叶成为李子坝村的特色主导产业，户均年收入达5、6万元。

【红色印记　振兴密码】

李子坝也是一块洒满烈士鲜血的热土。

悬马关，海拔1800米，地处甘川交界的文县碧口镇李子坝，地势险要，道路崎岖，关口两端均是崇山峻岭、悬崖绝壁。关口只有一条一米宽的通道，大有一夫当关、万夫莫开之势。自古以来是中原通蜀的要塞。1935年4月10日，红四方面军实施建立陕甘根据地的计划，攻占要塞悬马关，与数倍于我军的敌军展开激战，战斗持续了十多天，消灭敌军数百人，数十名红军战士为革命献出宝贵生命。

如今山谷中回荡着历史的回声，烂漫的山花仿佛是烈士的鲜血染成，呼啸的山风诉说着战士的壮怀激烈。作为革命老区红色故里，李子坝村始终把红色文化作为乡村振兴的底色，依托"党建+茶文化"，以党建带动村建，通过"党员联户"模式，聚合组织、党员、企业、老干部、群众"五力"，促进全村各项事业良性发展。

走进李子坝，只见一栋栋房屋整齐有序，道路宽敞明亮，村民坐在庭院树荫里话家常，一张张笑脸，洋溢着幸福，一个个故事，书写着振兴的密码。近年来，李子坝村坚持围绕美丽乡村建设和新农村建设，立足实际理思路，因地制宜兴产业，带领全村广大党员干部群众真抓实干，积极调整产业结构，大办特色产业，按照"生产发展、生活宽裕、村容整洁、乡风文明、管理民主"的要求，走出了一条强村富民、加快发展的有效路子，有力地推动了全村经济社会各项事业的健康发展。2020年，李子坝村荣获"陇南市精神文明建设先进村"称号。

【强村富民　展示新姿】

漫步李子坝村，风光旖旎，景色宜人，满是诗意与乡愁。乡村的靓丽颜值，引来众多游人前来踏青、采茶、打卡。村庄的美丽蜕变，让村民们在家门口吃上"生态饭"，走出门就收获"诗和远方"。

如何打造美丽乡村，让农民生活更加幸福美满？近年来，李子坝村坚持产业振兴，聚力茶旅融合，壮大集体经济，推动"软硬"提质，才能真正让一片茶叶成为"兴产业、美生态、富百姓"的金钥匙。

为了实现增强集体经济、增加村民收入的"两增"目标，李子坝村立足本村自然优势，紧紧抓住退耕还茶的有利机遇，落实退耕还茶工程，以质优安全为基础、以市场需求为导向、以茶叶品种改良为核心、以品牌打造为重点，不断推进茶叶产业稳步发展。走出了一条"规模化、生态化、品牌化、产业化"的茶叶产业发展路径，壮大了茶叶产业，稳固提升了群众收入。

根据对市场需求导向的分析和定位，李子坝村茶叶品种改良700亩，种植市场需求量大且茶农收益高的品种龙井43号，品种改良的同时不断促进茶叶加工专业化发展，提高茶叶标准化生产技术、制作技术和贮藏技术，提高茶农的制茶专业技能，推动茶叶品质再上一个新台阶。李子坝村的文县玉皇茶业有限公司是碧口镇的标杆龙头企业，该公司拥有绿色生态茶叶种植基地600多亩，建有标准化红茶、绿茶制茶车间3330余平方米，两条生产线年产茶19吨，年销售额1200多万元，在山东省青岛市、甘肃省兰州市、武都区、成县、文县等地建立了销售网点，逐步形成了遍及甘肃省内营销服务网络。

如今，走进美丽的茶园新村李子坝，在茶园绿意中清嗅一缕茶香，在自然茶馆喝上一杯香茗，在观景平台上放眼望去，处处洋溢着文明乡风、良好家风、淳朴民风，乡亲们在保护"绿水青山"中换来了"金山银山"，村庄在新时代展现出更加靓丽的新姿。

马家山村：生态茶园　振兴画卷

山清水秀，佳景如画，在文县碧口镇马家山村的茶山上，整齐的茶树从山脚盘旋而上，绿色的春茶铺满山岭。茶忙时节，茶农们三五成群，背着竹篓灵巧地穿梭在田园间，手指如同精灵，在枝叶间旋转飞舞，一提一掐，抢摘鲜嫩叶芽。

以茶促旅，以旅带茶，这是马家山村近年来围绕茶产业发展努力的一个方向。马家山生态环境良好，富硒土壤滋润茶根，负氧离子环绕茶苗，造就了无与伦比的富硒绿茶。辖区远有重峦叠嶂、烟波浩渺，近有悬崖凌空、险峻突兀，景色数不胜数，秀丽的茶园风光与忙碌的采摘场景勾勒出一幅美丽的乡村振兴新画卷。

【生态支撑"小茶叶" 成为"大产业"】

马家山村位于文县东南部，地处碧口镇石龙沟景区，距县城100千米，距镇政府15千米，地处秦巴山区地带。该村共有1个村民小组、57户209人。村内植被茂盛，资源独特，海拔位于850~1000米之间，气候湿润，雨量充沛，年平均气温为18摄氏度，土地总面积为4.37平方千米，森林覆盖率87.4%。该村隶属国家大熊猫公园，栖息着国宝大熊猫、娃娃鱼等保护动物，有黑熊、狍子、野猪、刺猬、羚、果子狸等野生动物，也有珍稀植物红豆杉、银杏等大量珍贵树种。

茶叶多产自南国，但碧口镇地处甘肃最南部，气候湿润，温和多雨，是北方高海拔优质茶叶培植区和无公害有机茶种植的理想区域。马家山村的茶就是在这天然的环境中茁壮成长，从空中俯瞰马家山茶园，层层叠叠，线条优美，宛如一幅只用绿色渲染而没有墨线勾勒的山水画卷，别有一番风情。

马家山村一角

马家山村茶园　　马家山村茶农采摘新茶

马家山全貌

碧口有农谚：清明采春茶，春茶香万家。每年清明前后，马家山村的"黄金芽"正式开采，这是现今甘肃茶类中唯一生长的黄金芽茶树种，茶叶富含氨基酸，素有"一两黄金一两茶"的美誉。茶农用采摘1芽1叶和1芽2叶初展的芽叶作为原料，经过摊放、杀青、回潮、分筛、脱毛、辉锅、筛分整理等数道工序，整个过程一气呵成。冲泡一杯"黄金芽"，香馥若兰，汤清明亮；品一口，味甘鲜美，齿颊流香。

翠盈悠香飘，茶垄漫山绕。来往的人们既为田园风光、优美生态而陶醉，更为贫困群众找到脱贫致富的"绿色"通道而高兴。"茶好，生态好；生态好，茶更好"的绿色发展正在循环，乡村振兴正在生动实践中。

【品牌赋能"弱产品" 成为"强引擎"】

马家山村在美丽乡村建设的基础上，以生态茶园风光为依托，以打造特色品牌为契机，创新发展模式，由村社干部牵头成立一支专业的种茶队伍，示范带头种植，全村累计发展茶叶产业1200多亩，投产茶园面积约

900亩，年产茶叶约9000千克，产值约500万元。

2012年以来，马家山村在茶叶改良上下功夫，在树立品牌和营造氛围上做文章，不断引进新品种，与中茶院、西南农大建立长期合作关系，建成无性系茶园，完成茶叶绿色认证。加大茶基地示范点建设力度，先后从浙江等地引进龙井43号、中茶108、黄金芽、乌牛早、中黄1号等新品种，累计发展新品种茶叶基地600亩，建立了多样化示范种植基地，建立了茶叶采摘示范区，以此来吸引游客，方便游客进行茶叶采摘体验，实现茶农多元化增收。同时，不断创新增收机制，引进技术改善设备，形成以春茶"龙井"加工为主，夏茶"毛峰"加工为辅的产业链条发展模式，提高茶叶品牌知名度。

2020年，为推动茶旅文化一体化发展，马家山村再次对辖区茶场进行升级改造，将精品农业与休闲旅游有机结合，融入茶文化、民俗文化等元素，创新"罗家豆花面""老幺烧烤""陈汤圆""张核桃饼"等特色美食。每逢周末和节假日，前来茶园游玩的市民众多，不少村民通过在茶园指定区域摆摊设点获得可观收入。

2021年，马家山村民人均可支配收入13000元，较2020年增长33%。村集体经济收入4.67万元，较2020年增加1.4万元。马家山村被授予"陇南市发展农业特色产业旗帜（茶叶）""全省千村美丽示范村""省级文明村""省级乡村振兴示范村"等荣誉称号。

【农旅融合"老村落"成为"新样板"】

放眼望去，村域内山清水秀，景色宜人，茶园整齐划一，基础设施完备，自然和人文景观争相竞秀，优越的自然环境赋予了马家山村更多的灵气，多年的积淀发展为马家山村注入了深厚的生态内涵，为启动旅游生命力打开了鲜活的血脉。

近年来，结合乡村振兴战略规划，碧口镇以创建"文化镇、生态园、集散地、商贸区、康养地"为目标，打造"以生态为底色，以人为中心，游客与居民共享美好生活"的碧口片区文旅康养旅游区，积极培育"旅游+"新业态，聚焦"吃、住、行、游、购、娱"，开发乡村旅游潜力，发展农家体验游、村落风光游——

马家山逐步落实旅游项目，完善基础设施。一方面，拓宽路面，更新设备，改造与景色更加融合的茶园田间步道、凉亭楼阁、茶园小木屋；打造高质量的茶园生态观光游，提升乡村旅游品质，继续做足茶文化，精心打造"龙池""百壶园"等景区景点；兴办农家乐、农家客栈、高标准原生态"小木屋"接待客栈，建成茶叶产业示范基地，催生生态茶园观光和农特产品销售等旅游产业的兴起，使茶产业和乡村旅游深度融合。另一方面，打造马家山茶叶文化品牌，新建茶文化广场；突出乡愁文化的底蕴特色，持续提升公共文化服务水平。目前，马家山村已成为集游客接待、康养休闲、民俗体验、有机餐饮等于一体的宜养宜业宜游的"陇南市文旅融合示范村"。

因茶致富，因茶兴业。茶产业的发展，美了环境、兴了经济、富了百姓，马家山村由此焕发新生机，实现了"两山"理论的高效转化，绿水青山的"底色"更亮，金山银山的"成色"更足，人民群众共同富裕的步子更加扎实稳健。

白马村：山水相融 共富图景

自然幽谧的天池，风光旖旎的黄林沟，让这里山清水秀、环境优美；漂亮整齐的现代化建筑，保存完好的古建筑人文景观，让这里古朴典雅、韵味无穷……处处皆风景，徐徐入眼来，这里是宜居、宜业、宜游的文县天池镇白马村。

为深入贯彻落实乡村振兴战略，提升乡村旅游发展水平，推动乡村旅游高质量发展，全面推进乡村振兴，近年来，文县天池镇党委政府立足全域旅游发展规划，聚力"一村一品""一村一韵"，以高标准提升了白马村基础设施、环境卫生、旅游项目等，实现了白马村由"美丽乡村"向"景区村庄"的华丽蝶变。

【景色如画 人间仙境】

天池镇白马村位于文县北部，距县城83千米，距镇政府6.4千米，北邻美丽的文县天池和黄林沟，下辖白马、西纳寨、楼舍沟、沙家寺四个社，全村共281户1006人。

白马村全貌

白马村全貌

白马村一角

国家4A级景区天池

文县天池国家森林公园位于白马村以北的天魏山上。由于远古时期的地壳活动，在海拔高度为2400米的高山之上形成了形似葫芦的天池。天池有九道大湾和一百零八个小湾，古称"天魏湫"。天池风景优美，景色如画，湖面景象会随时间和季节变幻无穷，有时清澈如镜，碧波不兴，有时波光粼粼，耀金泻银。湖畔边有很多奇峰怪石和茂密的竹林，它们在池中留下倒影，湖光映衬，山光水色，相得益彰。天池四季景色各异，春天如少女般恬静，湖边百花盛开，迎春花与杜鹃花争奇斗艳，把湖水涂抹得姹紫嫣红；夏天又是一片黛色，秀山绿水，白云缥缈；秋天绚丽的红色层层叠叠，湖面映红漾绿，蓝天、金池、碧水，五彩斑斓，十分悦目；冬天峰峦披雪，神奇肃穆，更显得圣洁高贵。

文县黄林沟国家湿地公园又名"皇陵沟"，距离白马村约8.2千米，是白龙江上游支沟，沟内集高山瀑布、高山湖泊、翠海、雪山、彩林、奇峰异石、动植物和人文景观于一体，群山环绕，溪水潺潺，景色秀美，被誉为"九寨沟黄金旅游线上的璀璨明珠"。黄林沟四季景色都十分迷人。春时嫩芽点绿，瀑流轻快；夏来绿荫围湖，莺飞燕舞；秋至红叶铺山，彩林满目；冬来雪裹山峦，冰瀑如玉。黄林沟由于地处我国南北方气候过渡地带，该区域的生物多样性相对丰富，有扭角羚、苏门羚、麋鹿、野猪、绿尾虹雉、蓝马鸡、红腹锦鸡等野生保护动物；野生植物资源中有混叶林、针叶林、高山草甸和地衣苔藓等。

【特色乡村　最美人文】

乡村最美是人文，在创造和发展传统文化上，人文一直发挥着重要功能。白马村曾经是商贾云集的街市，它是洋汤河流域著名的三大集市之一（另两处为桥头、屯寨），清光绪五年(1879)，因一场罕见的地震，人口锐减，集市衰落，不过昔日的面厂、饭馆、茶楼仍依稀可辨。

在白马村，有一座古老的孙家大院，始建于清代（具体年代不详）。孙家大院坐北朝南，房屋为两层土木结构，硬山、穿斗式、转角楼，系一门一进四合院建筑。外墙四面夯土（俗称"防火墙"）、挑檐、筒瓦盖顶、卧龙脊，正房、倒房"明三暗五"，该院落保存完整，木门窗雕饰华贵典雅。村里还有香火鼎盛的川祖庙，建造于光绪年间，当时从四川迁徙而来的村民，为了使子孙牢记根脉，在白马村修建了川祖庙，至今庙宇不仅保存完整而且香火鼎盛。

白马村生态良好、风景秀美、传统村落保护得较为完整，这些都为发展乡村旅游提供了丰富的资源。近年来，天池镇党委、政府依托白马村毗邻天池景区的区位优势，确立了"农耕文化、民俗体验、生态旅游、秀美新村"的发展思路，以打造天池旅游风情线上生态休闲宜居旅游村为目标，通过科学编制规划，精心实施项目，狠抓富民产业，大力整治环境，白马村村容村貌焕然一新，成了"水清、路洁、地绿、庭美"的园林式村庄，实现了华丽转身。

笔直的乡村道路干净整洁，整齐的安居富民房装饰一新，一幅幅墙体彩绘画出文明新风，文化廊里不时有村民驻足观看……村里一步一景，一幅村美民乐的景象足以让人流连忘返。

【灾后重建　崭新天地】

在2017年"8·7"特大暴洪灾害中，白马村三分之二的房屋被摧毁。近两年，通过灾后重建，白马村按照文县委"业兴、家富、人和、村美"的总体要求，把灾后重建与"幸福美丽新村"建设有机结合起来，如今，楼舍沟坪和白马社新村聚居点已经建成，一个幸福美丽的新农村效益初显。

白马村按照全域景区全面建设的思路，坚持规划先行，科学布局，高点定位，把生态元素融入美丽乡村建设的每个环节，确定了"不砍树，不埋泉，不毁草，不挪石"的建设思路，编制了《美丽乡村规划》《五年发展规划》。同时，抢抓"文旅农"政策机遇，擦亮天池名片，推动旅游产业加速发展。根据天池大景区的开发和项目建设需要，完成征收储备土地。同时，全力以赴加快天池景区（一期）项目白马小镇及民宿酒店征地拆迁进度，为天池5A级国家旅游景区的创建奠定了坚实基础。目前，白马村形成以天池景区为核心，沿212国道集田园风光、民俗文化、农耕文化、生态度假为一体的休闲农业与乡村旅游线路。

从产业发展上来看，白马村大力发展花椒、核桃、油橄榄、中药材、木香、纹党等符合当地实际的特色产业，不断提高农业经济效益，积极吸引农业龙头企业资本投入，发挥示范引领作用，建立"支部＋合作社＋农户"的发展模式，创建了文县鲜桃种植农民专业合作社；并依托当地优势，多点开花，发展农家乐、民宿等新兴产业。农旅融合，融出农民增收致富图的同时，也融出乡村振兴蓝图。2012年，白马村人均收入只有3000元，而到了2021年，这里的人均收入已经达到了7000元，可以说是翻了一个番。

依山傍河，水清山绿；人文荟萃，土沃民乐。乡村振兴，让白马村广袤的田野焕发出无限的活力，一幅"农业强、农村美、农民富"的乡土画卷正在这里壮阔铺展……

草河坝村：白马山寨　歌唱幸福

绚丽多彩的民族服饰，洁白的"沙嘎帽"，流传千年的土琵琶弹奏的古朴旋律，欢快动听的迎宾歌，豪放、独具民族风情的白马人面具舞《池哥昼》……这里就是文县铁楼藏族乡草河坝白马人山寨，在这里可以体验到别样的民族风情。

近年来，文县加大了乡村旅游扶贫的力度，借力美丽乡村建设、农村风貌改造等项目，建成了铁楼乡铁楼村等乡村旅游扶贫示范村。2015年，文县白马河生态民俗风情景区还被评为国家3A级旅游景区，曾获得"第二批中国传统村落""中国少数民族特色村寨""国家森林乡村""全省民主法治示范村(社区)"等荣誉称号。

如今，民俗文化旅游正成为文县白马人在新时代创造幸福美好生活的重要驱动力。

【古老神秘　白马山寨】

铁楼藏族乡，坐落在甘肃省南陲，境内林海苍茫，碧水萦绕，山川壮丽，气象万千，既有北国之雄奇，

草河坝村全貌

草河坝村大门

国家非遗"池哥昼"

火圈舞

又有南疆之灵秀，白马河流域密林深处栖息着大熊猫、金丝猴等珍稀动物，被誉为"大熊猫的故乡"。

在这块古老神奇的土地上，生活着一支拥有四千多人、民俗风情独特奇异的民族，当地人将他们俗称为"白马人""白马氐人"。

他们与毗邻的四川省平武县、九寨沟县境内的白马人一脉相承，总人口约两万人。

草河坝位于白水江之南的白马峪河流域中段河谷地带，白马河从村中流过。据史书记载，西汉水、白龙江流域及涪水上游，是古氐原始分布所在。古代氐族在此部落众多，有十多个，以白马氐为最大。韩定山《阴平国考》说："阴平虽称古氐羌地，然考东汉以前，诸羌部落，似犹未至阴平，其在阴平者，白马氐而已。东汉以后，羌氐错杂，而以氐为主。"清光绪二年（1876年）所修《文县志》中说："白马峪在县西南，五十里，古白马氐地。"据传，草河坝人原来住在白马峪河上游河谷，后来迁居至草河坝，村子已有千年左右的历史。

从立柱上刻有"白马民俗文化"的寨门进入，溯白马河而上，清澈的浪溪江绕村而过，两岸连绵竹海，古朴的堤岸亭台，还有小溪间的磨坊、水车、田间的花儿朵朵，淳朴的民风，错落有致的民居和连绵起伏的山峦，如诗如画。美丽的身着五彩盛装的白马姑娘，在修葺一新的水磨坊里，抓起金灿灿的粮食，和着流水的声音，唱起歌谣："美酒啊，千杯不醉，今夜啊，不醉不归，扎西德勒、扎西德姆……"

游客在村中尽情游玩，赏沿岸风景，观鱼儿水中起舞。之后，回到白马小院中享农家饭和山野菜，夜宿农家小屋，聆听山间虫鸣，朝闻鸡鸣吠叫，好一幅置身白马画廊、品味人生恬静之画。

【瑰丽多彩　民族文化】

千年的历史滋养出了丰富多彩的文化，草河坝至今还保留着独特的传统民俗文化。

白马人的服饰具有鲜明的民族特色，最明显的标志是：男女头上都戴有一顶盘形荷叶边的白毡帽，上插白鸡翎，白马人称为"沙嘎帽"。白鸡翎的插法很讲究，男子一般插一支，表示英武勇敢；女子一般插两支或两支以上，表示美丽俊俏。关于沙嘎帽上插雄鸡翎的习俗，有一个美丽动人的传说。传说很久以前，有一天夜半三更，官兵偷袭白马山寨。在千钧一发的时刻，一只公鸡啼鸣唤醒了白马人，白马人与官兵争战，拯救了这支民族。为感激公鸡，白马人世代沿袭头上插白鸡翎的风俗。在他们的服饰上有着丰富的图案，这些图案就像白马人的民族密码，象征着他们的民族文化和宗教信仰。每逢重大节日或者有贵宾到来，白马人都要身着民族服饰，盛装出席，有如一场服装秀，令人赏心悦目。

歌舞是白马人生活的内容之一，也是白马人一生的精神寄托。白马人最负盛名的舞蹈，应数傩舞"池哥昼"，又称"鬼面子"，是白马人从先祖的信仰和崇拜里继承至今的一种民族舞蹈，也是传统祭祀活动。"池哥昼"是陇南白马语的音译，"池哥"意为面具，"昼"意为歌舞，这是他们至今仍保存的古老且原始的群体祭祀舞蹈。每年春节期间，白马河流域的村村寨寨都有表演面具舞"池哥昼"的习俗。农历正月初五，白马人在寨子的大场里预习舞蹈，正月十三或者正月十四、十五开始正式跳，直至正月十六结束。白马人自己动手制作面具，自己化妆表演，千年积淀下来的白马民俗文化就这样被代代白马人"复活"。目前，白马"池哥昼"已被列入第一批国家非物质文化遗产名录。

白马风情天下奇，人间唯独此处有。尽情地徜徉在童话般的深山幽谷之中，漫步于处处洋溢着古朴风俗的白马山寨，饮一碗醇香的咂杆美酒，唱一声高亢的白马山歌，今夜不醉待何时，千年一醉白马寨。

【 幸福小康　美好生活 】

随着前几年脱贫攻坚行动深入开展，白马人建起宽阔的村寨，依托白马民俗文化，迎来了大批游客，发展起红红火火的乡村旅游业。

草河坝村先后引进文县景顺文化旅游有限公司，成立文县哒嘎情韵白马民俗文化旅游农民专业合作社，以农户入股、联合开发等形式，改建民宿15家，扶持发展农家乐、农家客栈10家；组建了草河坝村白马民俗文化原生态表演队，开发白马印象系列产品，有效拓展了群众增收渠道，共计带动贫困人口18人实现人均增收3200余元。目前，该村民宿现有标准间52间，床位97张，年营业额达到12.3万元。每逢旅游旺季，村里游人如织，农家乐的腊排骨、山野菜、杂粮面、五色酒等特色美食供不应求。

同时，草河坝村铺设装点了白马民俗文化文创产品销售中心，开发了白马印象系列产品白马长卷、凤鸟图、白马五色酒、水磨杂粮面、白马人服装等300余种手工艺品。建立的电商扶贫服务点，帮助群众代售花椒、蜂蜜等农特产品和白马民俗文化工艺品。2021年共帮助群众销售农特产品160件、工艺品1200件，实现收入4.8万元。

古老神秘的白马人也在新时期迎来了自己新的生活，由于这里积淀着厚重的民俗文化底蕴，而且独具特色的民俗文化被很好地传承，新农村建设和民俗文化旅游开发进程在不断地推进，当地群众生产生活条件也发生了翻天覆地的变化。除了保留自己独特的文化内涵以外，热情淳朴的白马人也感受到了这种新变化带给他们的富裕和更多的便利。

乡村振兴如火如荼，民族团结繁荣发展。当小康梦想变成生活现实，白马儿女用传唱千年的歌谣告慰祖先，也将接续奋斗，绘就白马山寨共同富裕的美好画卷。

联丰村：产业引领　推进振兴

联丰春色

"平湖碧水起波烟，一派风光入画笺。稻黍流芳农苑秀，新茶枇杷市场妍。"

文县中庙镇联丰村，位于碧口镇北侧，跨过团鱼河景区网红大桥，一直向前便能看到这处美景。河沟两岸，绿树长青，溪流清澈，游鳞云影，潭涧飞舒，它是被灵山秀水哺育着的土地，没有一丝雕琢过的痕迹，是一方悄悄藏在深闺中的美景，是自驾游的理想之地。

【水碧峰青　林深草茂】

中庙镇联丰村，地处陕甘川三省交界处，白龙江下游，坐落于平台山与婆娘山坳合地带。相传在明末，这里建有一座挂有大钟的庙宇，"中庙"因而得名，素有"钟鸣三省"之美名。境内河道属于长江流域，境内最大的河流为白龙江，主要支流有大、小团峪河，是大鲵等珍稀动物的栖息地。

清澈的河流、广袤的群山、翠绿的茶园、挺拔的古树，还有那袅袅升起的炊烟，勾勒出一幅桃花源般的乡村美景，这里属于国家级"白水江自然保护区"的一部分，深藏着无数名贵药材、野生动物和丰富的矿产资源。

联丰村全貌

远处的林中，藏匿着农家小院，隐隐约约不时传来的鸡鸣犬吠声，瞬间就敲碎了山林的静寂。村内马槽沟、张家沟两条溪流蜿蜒相交，村民汲山涧溪水烹食煮茶，浆衣灌溉，由此得以安居乐业。溪流两旁篁竹翠蔓，蒙络摇缀，是夏日里村民们的避暑佳处。每至雨季，丰沛的雨水时时敲打着水面，水花溅起，沸腾如滚水。雨过天晴，江上涧中雾气升腾，美不胜收，宛如仙境。这是大自然的鬼斧神工，这是造物主的神来之笔。于是，镜头在这里定格放大，人们在这里流连忘返……

自乡村振兴工作开展以来，联丰村立足当地自然条件及茶叶、枇杷等特色产业的发展优势，确定了"明确思路定路子，内引外联找路子，创新模式创路子，改善条件铺路子"的机制，积极走出了"四条路子"谋发展，实现了强村富民脱穷貌的目标。如今，联丰村"破茧成蝶"，美丽嬗变后鼓起了群众致富奔小康的信心，踏着脚下的幸福路，村民们脸上都荡漾着甜蜜的笑容。

【传承基因　推进振兴】

联丰村不仅自然风光旖旎，人文历史更是十分厚重。

由于位于陕甘川三省结合部，民国初期，中庙街道初具规模，贾户、客栈、饮食行业兴盛，商贸市场发达。在当时，中庙的赵子厚与青木川的魏辅唐、姚渡的杜礼堂并称"甘川陕舵把子"。离赵子厚故居的不远处，缘山而行十几千米，即可到达红军平台山战役的遗址，这里流传着红军不怕牺牲、阻击敌人的英勇战斗故事。

碧口片区作为红军"川陕甘计划"的战略要地，关系着整个革命的命运问题。其中以1935年发生的血战悬马关、平台山之战、激战摩天岭三大战役最为著名。平台山之战是红三十一军、红九军与驻守碧口的国民党军旅长丁德隆带领的地方民团，在文县中庙乡境内的平台山开展的一场阻击战役，红军指战员居高临下，奋勇阻击，打击了丁德隆部，完成了阻击任务，为主力红军北上扫平了障碍。

乡村振兴，既要塑形，也要铸魂。用好红色资源，弘扬红色文化，让"文明种子"撒遍乡村大地，让文明风气提振乡村精神。近年来，联丰村充分运用党史学习教育成果，借助新时代文明实践站、乡村夜话、道德讲堂等平台，形式多样地组织开展唱红色歌曲、诵红色诗词、讲红色故事、传红色家书等活动，大力践行社会主义核心价值观，孕育农村社会好风尚，推动形成文明乡风、良好家风、淳朴民风。

红色基因传承引发的乡村蜕变，不仅使联丰村村民的生活富裕了，更增强了广大群众听党话、跟党走的自信心和自豪感，提振了驰而不息、追梦前行的精气神，大家撸起袖子加油干，必将实现将联丰建设成为"生态旅游村、和谐发展村、经济示范村、环保先行村、文明孝敬村"的发展目标。

【大道通衢　产业兴旺】

山林间、农舍前、景区里，一条条不断延伸的美丽公路蜿蜒舒展，与村庄农户、产业园区、山水景观巧妙融合，成了助力产业发展、振兴乡村经济的致富路、幸福路……近年来，借助武罐高速开通等多重机遇，联丰村依托位置优势，立足当地资源，凝聚多方合力，得到了跨越式发展。

路畅了，车通了，农村特色产业也随之兴旺起来。联丰村党支部紧抓机遇，积极探索农业转型升级出路，结合市场需求，把经营模式从单纯的农产品种植过渡到生态农业、绿色农业产业链条中去。全村特色"大五星"枇杷、辣椒、油菜等作物种植超450亩，茶叶、核桃等经济作物种植面积逐年攀升，成熟的瓜果蔬菜农产品销往全国多个省份，为群众提供了创收途径，特色农业的发展让种植大户和普通农户双双鼓起了"钱袋子"。

同时，联丰村依托交通区位优势，大力发展特色观光旅游业。充分利用现有资源和优势，积极发展"民食、民宿、民游"特色农家乐项目，打造不同特色的乡村休闲旅游产品。依托产业和优美的自然环境，扶持发展农家乐，推出"节假日"家庭茶园采摘体验活动，吸引碧口片区、四川广元等区域游客前来观光体验，既拓展了农产品的销售渠道、增加了群众收入，又提升了观光园知名度，打造了地方旅游品牌，逐步形成了从联丰、大水至碧口一线，观光生态一日游的小旅游圈，实现了农民"在家门口就业"的愿望，农民平均创收近万元。利用绿色资源"好底子"，握住特色产业

联丰村茶园

"钱袋子",联丰村走出了一条高质量的乡村振兴之路。

迈步新征程,联丰村将继续坚持贯彻"绿水青山就是金山银山"理念,从生态出发,以产业为抓手,讲述一段越走越美的乡村振兴故事。

第四章 康县

桂花庄村：千年金桂　绽放新颜

康县白杨镇桂花庄，位于康阳路中段，距离县城约47千米，是一个"房在景中、景在绿中、人在画中"具有康南风情的原生态旅游景区，因村庄内生长着一棵1500多年的金桂树而得名，每逢农历八月，桂花盛开，飘香十里，吸引大批游客前来观光赏景、休闲养生。

【千年金桂入画来】

走进村内，幽静的桂花庄宛如一幅绝妙的山水田园画，一条清澈的小溪潺潺流过，栈道旁、广场边，一簇簇芭蕉高达四五米，亭亭而立，叶片

桂花村农家乐 　　桂花村一角

桂花村民居 　　千年桂树

硕大，遮蔽成荫，洒下一地清凉。置身其中，你会恍然感觉走进江南。房前屋后，树木参天，有笔直的楠木和枫树、攀缘而上的禾雀花、苍穹的青

檀、婀娜的垂柳……但最引人注目的还是那棵千年金桂，树围3.1米，高达16米，根深叶茂，冠盖如伞，观者无不称奇，尤其是花开时节，花香沁人心脾，更是让人流连忘返。

很难相信，11年前的桂花庄还是一个封闭落后的小山村，村庄道路泥泞不堪、房前屋后柴草乱堆、河沟路旁垃圾乱倒，"人居环境脏乱差，群众增收致富难"是彼时桂花庄的真实写照。2013年，桂花庄被列为全县第一批美丽乡村建设村，按照县委"不砍一棵树、不埋一眼泉、不毁一株草、不挪一颗石"的"四不"建设理念，在建设过程中充分利用山、水、石、古树等独特的自然资源，以保护和传承古村原貌为重点，通过整合各类项目资源，着力改善人居环境，解决水、电、路、房等问题，人居环境和村容村貌发生了翻天覆地的变化，"天蓝地绿、村美院净"取代了原来的"脏乱差"，桂花庄内处处"望得见青山、看得见绿水、记得住乡愁"，已经成为康阳路百公里文化旅游风情线上的一颗璀璨明珠。

村美民富的桂花庄先后获得"市级文明村""省级文明村""全国文明村镇"等荣誉称号。

【增收致富奔小康】

"房在景中、景在绿中、人在画中"具有康南风情的原生态旅游景区，吸引着大批游客前来观光赏景、休闲养生。近年来，桂花庄利用区位优势和独特自然资源，走出了一条"乡村旅游+互联网+农户"的生态旅游脱贫之路。

依托位于阳坝景区大走廊和三百里生态旅游文化风情线的区位优势，桂花庄进一步完善旅游设施，紧紧围绕"住农家客栈、吃农家小菜、购农家特产、听乡村小曲、看民俗表演、赏乡村美景"的乡村旅游发展主题，全方位满足游客"吃住行游购娱"的需要，形成了康阳路走廊上的重点休闲、观光、养生的驿站，吸引了大批游客前来观花赏景、休息休闲，稳定带动了群众增收致富奔小康。

截至目前，桂花庄创办了农家乐1家，农家客栈4家，养生堂、奇石屋、书画屋,成立了康县桂香园乡村旅游度假有限公司。同时根据旅客生态消费理念和网购需求,大力发展大鲵生态养殖、天麻、茯苓、食用菌特色种植等特色产业,通过大学生村官帮助开办实体店和淘宝网店,把"藏在深山人未识"的绿色、纯天然的木耳、花菇、蜂蜜等农产品和手工艺品,通过网络远销各地。

"绿水青山就是金山银山",十年前于安吉萌芽破土,如今于桂花庄花开绽放。近年来通过发展乡村旅游,既丰富了美丽乡村建设,又实现了村民的可持续增收。"问渠哪得清如许,为有源头活水来",美丽乡村建设,美了乡村、乐了农民、富了农村。

【塑形铸魂树乡风】

实现乡村振兴,既需从"形"的角度出发,在完善基础设施、培育特色产业等方面狠下功夫。也应注重从"魂"的角度切入,在传播文明理念、淳朴社风民风上持续发力。"塑形铸魂"双管齐下,方能最终拓开群众的幸福生活路。

大厦覆于其外,文化浸润其间。乡村振兴离不开文化的滋养和文明的熏陶。坚持规划引导、集约建设、满足需求、适度超前的原则,桂花庄把提升乡村风貌作为切入点和发力点,不断挖掘地域文化精髓,突出特色亮点,因地制宜编制"多规合一"的实用性村庄规划,整体推进乡村旅游项目。注重挖掘历史文化资源,培育和完善人文古迹旅游景点,让桂花树、桂花酒、桂花茶等具有乡村古风的文化符号传承文脉、散发文韵、存留古味,为乡村旅游增添古朴沧桑之感。加大对乡容、乡愁、乡风本味的保存和升华,培育壮大具有地域特色的乡村文化产业和品牌,让游客在欣赏美景的同时,品尝美食,体验桂花庄丰富多样的文化特色。

桂花庄在积极建设美丽乡村的同时,深入开展文明建设系列活动,以"六争六评""绿美净""家洁院净村美""美丽农家庭院"等各类专项活动为载体,精心组织,广泛开展讲文明、树新风活动,进一步丰富群众的精神文化生活。不断增强群众的生态意识和环保意识,推动人居环境不断改善，生活水平不断提高，群众的幸福感、获得感、安全感不断提升。村美民富的桂花庄先后获得"市级文明村""省级文明村""全国文明村镇"等荣誉称号。

如果说，桂花庄因为一颗桂花树而成了一种文化符号，那么这种符号，一定是常读常新，韵味绵延，它既是对历史文化的传承，又是对时代文明的拓展。在日益纷繁的物质化时代，桂花庄以其得天独厚的文化品格，远离尘嚣，守望田园，成为一首动人心弦的桂花美酒诗、一幅引人入胜的田园农耕画、一部耐人寻味的村落民俗书、一枚康县美丽乡村建设的生动名片。

凤凰谷村：凤凰涅槃　一朝蜕变

山水画仙境，做客在乡间。来到凤凰谷，到处弥漫着清新的空气，一切都是恰到好处，淋漓而不失柔美，热烈而不失婉约。

凤凰谷村位于康县县城西北2.5千米处，全村辖8个合作社，共253户

凤凰谷村口　　　　　　　　　　　　凤凰谷村民宿

865人。凤凰谷村是全省首批美丽乡村建设精品村，也是中国乡村旅游模范村，它还是2016年度中国最美村镇"人文奖"获得村、中央电视台"乡村大世界"栏目拍摄地。

近年来，凤凰谷村基础设施逐步完善，乡村旅游产业迅速发展，建成集旅游观光、休闲娱乐、农家餐饮为一体的全市乡村旅游示范村和国家3A级景区，成为康县"三变"改革创新的先行村。

【庭院深深　兰花幽香】

走进凤凰谷村，青瓦白墙的农家小院掩映在核桃树和柿子树之间，清澈的小溪穿村而过，溪边的农家小院在道路两旁的树林间若隐若现。家家户户门前屋后樱花开得正艳，树底下几只母鸡在悠闲踱步，静谧的山村朴实无华而又与世无争。在文化广场里，村民们惬意地散步聊天，孩童嬉闹

凤凰谷村全貌

的欢声笑语更让这片土地充满了生机。

拾级而上，大门口挂着两盏大红灯笼的小院格外的显眼。院子干净整

洁，纤尘不染，一盆盆显然是经过精心侍弄的兰花整齐地摆放在院中。在凤凰谷村，村民们自家栽种了上百盆兰花，通过养兰花、装饰庭院、陶冶身心，还能以兰会友，让远道而来的"兰友"们都不禁感慨：这个山乡有点"奢侈"。

"婀娜花姿碧叶长，风来难隐谷中香。不因纫取堪为佩，纵使无人亦自芳。"兰花的端庄、清丽、幽雅、高贵，古往今来让许多文人墨客都对它情有独钟。一个藏在深闺的小乡村里的人们，为什么会爱上兰花？原来这是大自然的恩赐，在凤凰谷村，种养兰花有着悠久的历史和广泛的基础，早年间村民们从凤凰山上挖来兰花，用自己的方式把它养起来，培育成独特的品种，放在院子里、墙头上，装饰美丽的庭院。

干净整洁的村里兰草点缀、馨香扑鼻，独具乡土风情的农家小院静候着客人的到来。在乡村振兴的进程中，凤凰谷村将坚持"引进来、走出去"，把资源优势转化为产业优势，使康养文旅成为一项惠民、利民、富民、亲民的产业，进一步深化生态文明建设，推动乡村振兴。

【记录变迁　留住乡愁】

村史馆里看变迁，老物件中忆乡愁。锈迹斑驳的马镫、陈旧质朴的蓑衣、木工用的墨斗子、展示柜里的针线盒……推开凤凰谷村村史馆的大门，这间展示面积为150平方米的屋子，承载着这个村子丰厚的文化，记载着历史的变迁，成为展示乡村文化、树立文化自信的重要平台。

凤凰谷村在乡村振兴的过程中，特别注重乡村记忆馆、村史馆、文化馆的建设，全力打造"乡村特色文化圈"，结合各村历史文化背景和发展特色，以"村文化大院"为基本载体，利用废弃、闲置用地，精心规划设计，充分挖掘当地文化底蕴、人文特色，提升打造了村史馆等村级文化场所。

凤凰谷村史馆建于2014年，建筑面积为220平方米，展厅占地150平方米，共投资17万元，村史馆墙壁采用6~8厘米的翠竹装修，使整个房子散发出一种竹香。村史馆陈列着凤凰谷美丽乡村建设的对比照片、民俗文化照片，充分展现了凤凰谷村上一辈人辛苦劳作、生产生活的场景。村史馆自建成以来，已接待省内外参观游客6.5万人次，成为当地学校和村民开展爱国主义教育活动基地。

"村史馆"在学者眼中是乡村的"文化自觉"；在村干部看来，它是告别贫困、记住艰辛的见证；在村民眼中，它是存放家乡气息之地；在老人眼中，它是联系时光的纽带，是生命的"根"；在游子心中，它是"乡愁"的味道。今后，凤凰谷村还将继续征集反映区域历史、民俗文化以及农耕文明的各种实物展品，丰富展馆内容，让一件件承载着历史的物品、一张张记录了进程的图片，来凝聚致富之心、发展之力。

【党建引领　凤凰涅槃】

美丽乡村建成后，凤凰谷村秉承着"既要创建美，又要经营美，把美丽变成产业"的理念，力争做到让村庄变美的同时，让群众生活更加富裕。

2014年，村"两委"探索建立了"支部＋公司＋农户（贫困户）"的乡村旅游扶贫模式，借助"十村百户千床"工程，发展了农家客栈9家、农家乐3家。采取集体控股、群众参股、贫困户持股的方式，筹集35万元成立了凤凰谷乡村旅游度假有限公司，吸纳本村管理和服务人员38人就地就业，带动村上100多户群众获得收益，让群众由旁观者变为参与者，有效增强了群众的主人翁意识，实现了农户与公司"联产联业、联股联心"。值得一提的是，凤凰谷村曾连续两年对贫困户和普通群众进行入股分红和奖励达160万元，分红现场盛况的图片成为新华社2015年国内十大新闻"中央确定7000万人脱贫目标"的配图。

2017、2018年凤凰谷村抓住"三变"改革的有利机遇，在县委县政府的大力支持下，镇村两级围绕打造旅游观光、休闲娱乐、农家餐饮为一体的市级乡村旅游模范村和3A级景区，修建了复古形象大门和旅游公厕，建设了占地6000平方米的儿童乐园，拓展延伸了环村栈道，新建了连心桥等景点。同时，通过招商引资建成了凤凰庄园酒店1座，其中就餐桌数28桌，一次性可容纳220人就餐，烧土鸡、豆花节节、苞谷面片片、搅团、荞面节节、面疙瘩、农家面皮等传统美食样样俱全。2021年，村民人均可支配收入达到8500元。可以说，今天的凤凰谷村，是全县贫困发生率最低、政府兜底最少、小康户最多的村庄。

"芝兰生于深林，不以无人而不芳；凤凰栖于佳木，只为佳人而鸣唱。"凤凰谷村生态环境良好，四季瓜果飘香，鲜花盛开，美食丰富；村落底蕴深厚，历史文化丰富，乡村民风淳厚，乡风和谐。到凤凰谷村去，赏淡雅兰花，采新鲜瓜果，品当地美食，住特色民宿，来一次难忘的乡村旅游吧！

福坝村：美丽福坝　魅力福地

一座座新居亮丽多彩，一条条道路四通八达，一片片田野涌动生机……在康县龙王山下的长坝镇福坝村，这座充满"乡土情"的村落，焕发着勃勃生机。

随着"一带一路"美丽乡村论坛永久会址在这里落地建成，这个昔日无人问津的村庄，成了集"康养休闲、旅游观光、农事体验"等为一体的多元富民产业示范型美丽乡村，是名副其实的"美丽福地"，走上了"业兴人和、村美民富"的乡村振兴之路，先后荣获"全国休闲农业示范

福坝村一角　　　　　　　　　食用菌产业

村""2021中国最美村镇"等称号。

【环境改善增颜值】

"赏心悦目农家院,姹紫嫣红花争妍。朝飞暮栽葡嘉瑁,疑是仙境落人间"。福坝村生态环境优美,村内小溪潺潺,小溪旁草木葳蕤,一池池碧波宛如一方青砚,黑瓦白墙的屋宇掩映在青山绿水之间,一座座康县风

福坝村全貌

格的农舍外墙,沧桑古朴,为福坝村增添了厚重的农耕韵味。

福坝原名为付坝,因村民多为付姓而得名,后来为取美好寓意,寓意村民幸福安康,于是更名为福坝。近年来,福坝村抢抓脱贫攻坚和"一带一路"美丽乡村论坛会址项目政策机遇,积极争取协调整合各类项目资金,村内交通、水利、绿化生活污水处理、水源地保护等基础设施得到了极大改善,因地制宜地打造出一个富有民俗特色的升级版美丽乡村。

走进福坝,连绵的山峦包裹着沉稳寂静的村落,一花一草、一树一木衬托着座座特色农家院落,青瓦土墙石板路悠长,柴火灶台家乡味浓郁,

复古的乡村气息和简约的现代风格交融碰撞，让人耳目一新。道路边的老树、屋檐下的童谣、庭院里的清泉、茶壶里的温热，似乎在诉说着这个村庄的故事，那一幅幅墙画深深地印刻着这个村庄的成长印记，就连脚下的青石板，也都在时刻诉说着这个村庄的巨变。龙王山西连武都，向东至长坝张家河，高峻巍峨，山上天坑、地眼、拴马桩、饮马池、龙洞、龙宫等景点众多，姿态万千。

【内外兼修提气质】

外塑形象，内修气质。在美丽乡村建设进程中，福坝村进一步挖掘乡土文化，突出土气、老气、生气、朝气，就地取材、依村就势，将优美的生态环境、独特的民居风貌、厚重的农耕文化、浓郁的乡土气息、多彩的民俗风情、优美的村容景致和良好的精神风貌相结合，建成了"福、寿、康、宁"四个文化主题广场，注重挖掘历史古迹、民俗文化、风土人情，加强对乡村原貌和古民居、古坊的保护，复原了当年的知青大院、酒坊等场所，博物馆里、村史馆内，一件件陈旧的老物件、发黄的报纸、明信片排排陈列，记录着时代的变迁。

简单的色彩、朴实的文字、各具特色的物件，定能激发你心灵深处的

一带一路会址

浓浓的乡土情怀。福坝村以特色民宿助推全域旅游，流转整合土地50亩、农户房屋25座、院落260间，精心打造了水坪社的"山根·梦谷"高端精致民宿，进一步推动旅游向高端、生态、精致特色方向蓬勃发展，开发了"一线天""小峨眉山寺"等景点，做到"一户一品""一处一景""一景一韵"。一座座闲置的民房，成了农家乐、咖啡馆、小吃店，绿野与城市、田园与屋舍在这里相互交织，万物生灵于此和谐共生。在牛栏咖啡馆，喝一杯主人精心磨制的咖啡，读一篇治愈心灵的文章，细数时间慢慢流淌，便足以度过半天闲适的时光。

优美的风景环境、浓厚的文化气息、完善的基础设施、和谐的生活氛围，都变成了这里最让人留恋的风景。

【产业兴旺赋内涵】

推进宜居乡村建设，不仅要"面子靓"，更要"里子实"。不仅是农村美，还要实现产业强、农民富。产业的兴旺将赋予宜居乡村建设更加丰富的内涵。

在现有的发展基础上，福坝村还按照"全域旅游、川坝蔬菜、半山林果、高山药材"的产业发展思路持续打造田园综合体，沿路都是绿绿的草地与菜园子，河对面的大棚内，各色蔬菜、菌类应有尽有，散发着浓浓的自然田园气息，满足你对农家小院生活的无限向往。

目前，福坝村成立农民专业合作社11家、龙头企业3家，建成专业食用菌基地100亩、紫锥菊200余亩，发展中蜂、母猪、土鸡等养殖业，种植、养殖年产值达1100万元。建成农业产业科技示范园，可实现年销售收入2780万元，带动周边1600户农户从事中药材种植业，帮助农户销售中药材获益3600万元，户均增收2万余元。

福坝村的自然慢生活，处处显露出古朴纯真、恬淡静谧、原汁原味的本真形态，乡愁记忆、闲适美景，这些无一不让福坝成为人们休闲度假、旅游观光、寻觅乡愁的绝佳去处。古朴的乡土情怀，强劲的发展活力，这一切都让福坝村今非昔比，福上加"福"。在这里，你能逃出雾霾、逃出城市、逃出水泥森林，融于山水之间，既能让人放松疲惫的身体，又能给人的灵魂带来清净闲适。这个小山村已然实现了乡村美、农民富、产业旺的完美升级转变。

美丽福坝，魅力福地，欢迎你！

何家庄村：点绿成金 诗画田园

四季变换的斑斓在山间弥漫，晨雾朦胧的王坝镇何家庄村，在一声鸟鸣中慢慢苏醒，获得了属于它的一份诗情。

诗意乡村的万般风情，静谧山野的舒适惬意，远离尘嚣的治愈温情，从这里开始延伸。用独属于何家庄的浪漫诗情，淌入心窝，进入梦乡，营造一座让你停留的诗意空间。

【梦幻田园 绝美意境】

康县王坝镇何家庄村位于陕甘两省交界处，国道345沿线，距县城6千米。总面积达7.55平方千米，森林覆盖率95%，辖5个社，共324户

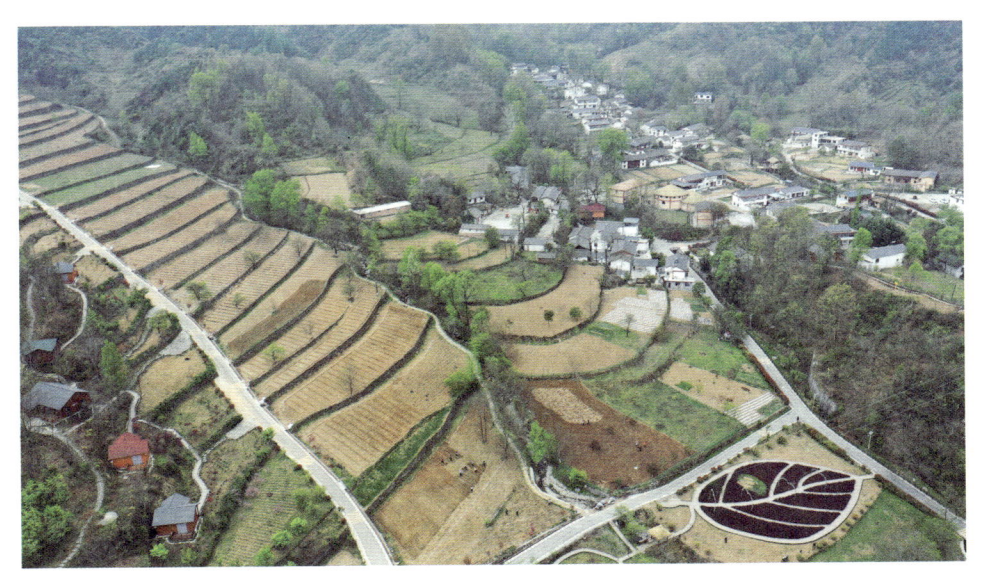

何家庄村全貌

1392人。

2014年开始实施美丽乡村建设，2018年实施全省田园综合体建设试点项目，目前创建成国家4A级旅游村景区，先后获得"甘肃省森林小镇""中国最美村镇""国家美丽乡村创建工作样板村"等荣誉称号，也是康县全域旅游大景区的重要节点。

露凝云淡，何家庄村斑斓而至；冬去春来，何家庄村不改灵动；四季变换，何家庄村流转深情；日月变幻，何家庄村吐纳清新。在何家庄村，

何家庄村

有山皆绿，有水皆清，舒适的气候环境，丰富的负氧离子，洁净的空气，优质的水，森林覆盖率达95%，身心仿佛也被大自然包裹覆盖。

走进何家庄村，浪漫的诗情在这里徐徐展开，微微细雨洗刷山野明净，林间的草木松果香，在朦胧的眼眸间弥漫着清香。行走在山间小径，享受着自在的呼吸，身心鱼贯在温润的空气中，梦幻般的云雾静静萦绕着山庄，仿佛打开了冷色调的滤镜。云雾起，山朦胧，何家庄的诗意就藏在这高山云雾中，静谧中让人遐想万千，村庄随着云雾流动，仿佛置身于人

间仙境,俯瞰整座村庄,黄叶纷纷落青瓦,阡陌交错连田野,渐次显现的秋日斑斓点缀着村庄,远处重峦叠嶂,近处烟火人家,山路蜿蜒一直延伸到山脚下,一座座小木屋掩映在树林间,与生态田园美景交织相应。

一年四季素雅与多彩变换,何家庄村韵味不同,基调也不同。如今,得益于良好的生态环境优势,何家庄村大力发展乡村旅游产业,打造美丽乡村建设和田园综合体项目,田园美景与村庄构成的绝美意境,不仅让游客回归大自然,也让他们放慢脚步寻找自己。

【浪漫诗情 鲜活生动】

如果说,文艺可以为城市增添浪漫气息。那么文艺,为乡村带来的则是精神抚慰。

来到何家庄村,非遗文化穿越时光,山水田园美景跃然纸上,诗歌吟诵的声音在山间回荡,文墨书香融入清浅时光。唤醒文化内涵与乡村的共生力量,营造诗情画意的乡村旅游基地,何家庄村独守一份浪漫温情。

在鸟语花香、树荫掩映的乡村,书屋、书画院、民俗馆坐落其间,让整个何家庄村鲜活又生动。书香文墨浸润着乡村,民俗文化寄托着乡愁,融入特色鲜明、内容丰富的乡村文化元素,打造了极具乡村韵味的心灵驻足空间。在农家书屋,时光漫漫又慢慢,感受新时代村民文化生活的幸福感;在村史陈列馆,寄托满满的乡愁乡情,感受具有乡村记忆的文物展示;在村民广场,人们欢聚一堂气氛热烈,感受棒棒鞭、康中唱书、羊皮

民俗表演 羊皮鼓　　　　　　　　民俗表演 男嫁女娶

扇鼓舞等省市级非物质文化遗产的内涵；在陶艺展示馆，通过土陶器制作体验，感受陇南非遗文化的魅力；在文创作品馆，欣赏艺术家对乡土创作的诗情画意……

漫步何家庄村，艺术氛围渗透在每一个角落，潜移默化、耳濡目染。在这里，乡村有了"灵魂"，最美乡村艺术写生基地建立起来，艺术在这里实现最原生态的展示，乡村也随着艺术的介入，提供了全新的旅游"打开方式"，不仅推进乡村旅游的业态创新，更使得乡村文化资源实现创意再生，文化改善着乡村人民的生活，也让传统文化重新焕发光彩。

如今的何家庄村，成了诗画田园、民俗风情体验地，人们在感受满满文艺气息的同时，也在文化传承和文艺新气息的碰撞中，感受到传统与现代的完美融合。

【点"绿"成金　增收致富】

春来韵渐浓，山湖美如虹。暖阳缓缓照进游客心间，也落入何家庄村民的心田，荡漾在乡村山间，也洋溢在村民的每一张笑脸上。

乡间绿道，犹如一条缎带，串起了青山碧水、乡村院落，也串起了共同富裕的梦想。曾是王坝镇贫困人口最多的村，如今依托自然山景，秉持举文化旗、打旅游牌、走富民路的融合发展之路，因地制宜地"精雕细琢"，建成了集游客接待服务、农事体验、农业观光、民俗文化体验、茶马古道文化展示、康养农居为一体的田园综合体。

何家庄村与陇南康瑞文化旅游公司合作，通过"公司＋村集体＋农户"的发展模式，成立了旅游公司3家，民俗演艺公司3家，土法作坊18家，农家客栈8家，电商淘宝屋32家，规范合作社14家，打造集乡村旅游观光、民俗体验、休闲娱乐为一体的美丽乡村，促进群众增收致富。

生态底色好，引领康养旅游点"绿"成金，美景滋养了山村，让村民们在家门口就能享受到乡村旅游发展带来的红利。2021年，何家庄村接待游客9.8万人次，实现旅游综合收入320余万元，农民人均可支配收入超过11200元。除此之外，村里还发展了中蜂养殖、太平鸡养殖、中药材种植等特色产业，有力推动了乡村振兴、农村发展、农民致富。

漫步于诗画田园般的王坝镇何家庄村，享静谧乡村的宁静，赏文化民俗艺术精品，体验温馨的木屋民宿，感受淳朴的乡土民情……在这里，品味的不只是诗情画意的乡村美景，更是多姿多彩的生活。

花桥村：诗意栖居　振兴样板

这里，青山掩映、流水潺潺，古树石磨、诗意田园。这里，瓜果飘香、阡陌交错，道路整洁、民风淳朴；这里，望得见山，看得见水，记得住乡愁……这里是陇南美丽乡村康县长坝镇花桥村。

走进花桥村，白云映翠山，绿水绕庄园，四季景连连，处处画境中。山清水秀、生态宜居、文明和谐，满眼皆美景，无处不留客！

【绿水青山间的诗意栖居】

花桥村是国家4A级景区，位于康县长坝镇白望公路沿线，是康县的

千年菩提树

花桥村全貌

花桥之夜

北大门，也是茶马古道和三百里生态文化旅游风情线上的重要节点，全村共辖8个合作社215户774人。花桥四季景色迷人，春时嫩芽点绿，河流轻快；夏来绿树成荫，莺飞燕舞；秋至红叶铺山，彩林满目；冬来雪裹山峦，冰河如玉。

花桥之美在于它的天然含韵，溪水清澈长流，在于它的花红柳绿，青翠欲滴，飞檐斜顶的建筑，只用几根线条，就勾勒出了千年的茶马古道文化，行走在幽静的青石巷道，仿佛走进了一幅水墨画中。

小桥流水人家，白墙、青瓦、红檐的新农村民居，错落有致地坐落在青山绿水间，干净、宁静、祥和，让人亲身体验了"人在画中游，情随景中生"的快意，曾经的乡村泥路已被干净宽敞的水泥路取代，房前屋后，随处可见三人一堆，五人一群的老人们煮着罐罐茶，闲唠家常，顽皮可爱的孩童在新修建的农村文化广场上嬉戏，城市体育和全民健身项目，几乎全都罗列在村里的新时代文明实践广场上，这就是如今的花桥村。

说起花桥村，不得不提的就是，在2008年6月和2013年1月，时任国

花桥村

务院总理温家宝怀着对灾区人民的关怀来到这里慰问了花桥村的群众，和他们一起欢度新春佳节，群众深受感动，极大地激发了大家发家致富的热情。

漫步在花桥村，平坦的道路，静幽的索桥，整洁的院落，灾后原址上重建的花桥村错落有致，满是农家风情，美得让人陶醉，在众多的房屋中，一座座装饰靓丽的农家乐让人眼前一亮。

【茶马古道上的乡愁记忆】

甘肃曾是丝绸之路，茶马古道是一个重要的路程站点，有出土的茶马石碑为证，这里曾经因为丝绸之路而兴盛，十分的热闹繁华。而花桥村所在的康县，就是当年茶马古道之上一个非常著名的驿站，以供往来客运的人们休憩，经年累月之下，这里也成了茶马古道文化地的一个代表。

相传，"花桥"名称的由来是这里有一座桥。据说，在东汉后期，穿越康县的北茶马古道由此通过，这里和长坝老街相连曾为茶马互市交易场所，为了便于商贾通行，官方在此修建了一座很漂亮的雕梁画栋廊桥，来往商旅皆称之为花桥，时间一长，花桥也代替了地名流传下来。

如果说桥是花桥村的符号，那菩提树就是花桥村的灵魂了，来到花桥村，最大的看点之一就是距今1000多年的菩提古树，其雷击不倒，数次受伤后不治而愈，更为神奇的是，它树体空心而枝叶繁茂，在花桥村村民的心中，它已经成为一棵神树，具有了佛家的普度之怀，一直保佑着村里人民的平安和吉祥。如今，和花桥村所处的大山一样，千年菩提树也因乡村旅游的开发而焕发新生，并吸引了外界广大游客来此祈愿，千年菩提宛若给村落镶上了一颗明珠，默默地守护着这里的一切。

巍巍青龙山为花桥村庇护，滔滔长坝河为花桥村助威，古老茶马古道为花桥村添彩，沧桑菩提树为花桥新村赐福，花桥新村的风采说不完，花桥美丽的故事道不尽，这一切都留给大家去品味、去欣赏。

【乡村建设里的璀璨明珠】

看得见的是风景，看不尽的更是风景。如今的花桥村，集生态养生、田园风光、休闲度假、养老旅游、亲水游乐、乡土购物、民俗风情体验、农特产加工、农耕文化艺术传播等产业于一体，仅农家客栈就有20多家，农家乐13家。一家农家乐带动5户贫困户，村民们通过给农家乐销售蔬菜、土鸡、土鸡蛋、腊肉等农特产品来增加收入，260多名当地群众实现了就地就业，带动了本村及周边村社贫困户155户680人增收，达到了一村带一片、一片带全镇和就地城镇化的效果。

既要塑形，也要铸魂，叩开花桥村的大门，就是走进了人间桃源，乡风文明、家风良好、民风淳朴，焕发文明新气象，彰显陇上江南乡村风韵。美丽乡村"三分建，七分管"，花桥村充分发挥群众在美丽乡村建设上的积极作用，鼓励村民开展自治，建立健全村规民约、家规家训等基层规范，让乡村的一草一木、一山一水都散发出文明的气息，让生活在这里的人都知书达理、孝老爱亲。

在各级组织的关怀和支持下，在勤劳勇敢花桥人的艰苦奋斗下，花桥村依托美丽乡村建设，大力发展乡村旅游，创新运营模式，探索精准扶贫新路径，走出了"政府引导＋公司运营＋农户（贫困户）联动"的"花桥模式"。花桥村成为西北地区集乡村养生、田园观光、休闲度假、民俗体验及农特产品加工、展示、销售等产业为一体的乡村旅游景区，先后被授予"中国茶马古道文化艺术之乡""中国乡村旅游模范村""甘肃省乡村旅游培训基地""全省农民回乡创新创业基地示范区"等荣誉称号。2022年4月，随着"一带一路"美丽乡村联盟论坛的首个项目——康县花桥温泉酒店的正式开业，进一步提升了花桥村旅游的知名度及美誉度，成为康县全域旅游的一张亮丽名片。

古老的花桥村在经历蜕变后，定会浑身充满朝气、蓄满力量，既具有足够的发展潜力和空间，又有广阔的市场和平台，它必将成为镶嵌在陇南大地上的一颗璀璨明珠，向世人放射出绚丽的光彩！

梅园神舞　曾英　　　阳坝镇"男嫁女娶"习俗　王玉英　摄

天鹅湖新村：景美民富　幸福愿景

不到阳坝，就无法体会陇南的清新自然，秀美山水；

不到天鹅湖新村，就无法感受阳坝的淳厚民风，浓浓乡愁。

近年来，康县阳坝镇天鹅湖新村充分利用当地风景秀丽的自然优势，深入挖掘乡村旅游资源，着力突出地域民俗文化特色，坚持走集约化、高

天鹅湖新村

端化、特色化的优质旅游发展之路，依托全镇旅游大景区优势，因地制宜打造富有特色的乡村旅游点，构建"龙头带动、网状辐射、全域推动"的旅游业发展新格局，火爆的乡村旅游为乡村振兴注入了新动力。

【山水之美　清新灵动】

天鹅湖新村位于国家4A级景区阳坝梅园沟内，西接武都区裕河镇，东邻陕西宁强，南近四川广元，西接莽莽林海，北有燕子河蜿蜒而过。全村辖2个合作社，90户302人。

天鹅湖新村的原名叫油坊坝村。2012年，康县开始建设美丽乡村，油坊坝村自此脱胎换骨，不仅建成了以田园综合体、电商馆、农家游为一体的康养美丽乡村，还被列为美丽乡村精品村。2017年6月，康县县委主要领导调研阳坝镇美丽乡村建设，因梅园沟景区主要景点天鹅湖位于本村，提议将油房坝村改名为天鹅湖新村。

梅园沟景区无山不青，无水不秀，气候湿润，山川秀美，风光旖旎，让你犹如进了一个巨大的森林"氧吧"。境内自然和人文景观达60多处，主要有"五湖、四海、三潭、四瀑""莺啼麻柳""月牙潭""蛟龙出海""青峰寨""天鹅湖""梅园群海""唐古墓""海棠谷""梅园瀑布""青龙潭""犀牛探月"等。

位于快活林上游1千米处的天鹅湖，湖水面积约2000平方米，平均水深10余米，因常有天鹅水鸟漫游于此，故而得名。湖波潋滟，群山倒映，碧霞烟柳，梅竹锁堤，宛若瑶池仙境。只见天鹅三五成群，聚集于此，或临风照影，或拍打翅膀，共同构成了一幅祥和、灵动的精美画面。漫步在优雅迷人的天鹅湖畔，沐浴着温暖怡人的阳光，闻着潮湿的茶竹清香，听着林间山歌，恍惚中觉得来到了世外桃源，真是"品茗闻香不信梅园非仙界，点瓜种豆始知林中有天堂"。

山间蕴仙气，水中藏精灵。放眼天鹅湖新村，风光旖旎的天鹅湖、海棠谷、快活林宛然是一幅风景画，幽然静谧，让人神往。

天鹅湖全貌

【人文之美 追根寻味】

在天鹅湖新村，除了湖光山色，最吸引人的，是那淡淡的、却又无处不在的乡愁。

乡愁，可以是一湾水、一碗酒、一道饭食；也可以是一个节日、一种风俗……对于每个游子来说，乡愁有着各自不同的解释与意义。在天鹅湖新村，乡愁正以不同的形式呈现。

特色美食茶叶膳，用阳坝茶叶来料理美食，取茶叶的清香，使茶与食物完美结合，做出茶香鸡、苔粉茶丸、龙井酥、茶叶饼等特色美食，既调和滋味、增加色彩，又具有药理成分，增强人体健康，让游客倾倒其中；天麻宴，天麻对于防治心血管疾病，改善心肌缺血、减慢心率，治疗头晕头疼有奇效，经过不断的摸索，阳坝美食家们又陆续推出了精致的天麻丝、天麻饺、天麻丸子、天麻虾球、天麻玉米羹、天麻蒸蛋、脆皮天麻等美味菜品。十大碗，是阳坝当地的一种传统特色饮食，一般在婚丧、嫁娶、祭祀等重大事情时专用，十碗菜必须分四次上完，菜品有品碗烩菜、豆腐坨子、酥肉、假鱼、坨子肉、粉蒸肉、夹沙肉等，"十大碗"意味着当地人追求十全十美、团团圆圆的幸福生活。

"女娶男嫁"即男子嫁、女子娶，是康南地区独特的一种婚俗，最早可追溯到宋代，目前仍是主流，统计显示，当地目前共有"男嫁女娶"家庭6000户左右，打破了女儿不能传宗接代的旧传统；"梅园神舞"是以娱神为主要内容的神舞，每逢农闲时节（多为农历七月十五、十月十五），这里的人们都要择吉日，请师公跳神庆丰收，以歌舞、说唱、杂耍为载体，含有历史、宗教、民俗等诸多文化的传统民间歌舞，对"梅园山神"进行进供朝拜。

行走在天鹅湖新村，随处看见茶叶、天麻、羊肚菌、太平鸡等农特产品受到外地游客青睐，游客在体会精彩的文艺表演的同时，不仅能观看具有神秘传奇色彩的"男嫁女娶"婚俗演出，以及载歌载舞的阳坝神舞，更能品尝到茶叶膳、天麻宴、十大碗等当地特色美食。

【振兴之美　久久为功】

山水闲云，宜居小园；天麻竹林，茶园果香；养太平鸡，酿二脑壳酒……令人艳羡的生态、美丽宜人的环境、前景宽广的产业，天鹅湖新村群众现在的光景和过去已是大相径庭。

授人以鱼，不如授人以渔。天鹅湖新村通过连续十年的美丽乡村建设，转变了群众传统落后的生产生活方式，养成了健康文明、干净卫生的生活习惯，树立了群众脱贫致富的信心。

为了持续巩固拓展脱贫攻坚成果，天鹅湖新村坚持把美丽乡村建设与扶贫开发、旅游开发、产业开发和基层党建工作相结合，统筹规划，狠抓落实。特别是人居环境改善，让广大群众有了更直接的获得感、幸福感。

条件改善了，环境变美了，天鹅湖新村的产业发展也越来越好。发展茶叶产业，新建茶叶加工厂1座，年加工成品茶1万余斤，实现产值120万元，辐射带动周边茶农290户，增加农民人均收入2000余元。发展天麻产业，实现年种植天麻3500余窝，生产鲜天麻10万千克，增加农民人均收入5200余元。发展旅游服务业，村内目前有农家乐、农家客栈20余家，特色民宿1家，实现年产值350余万元。

激发乡村振兴的内生动力，做好乡风文明建设工作是关键。天鹅湖新村还通过积极开展移风易俗、争做好公婆、好媳妇等活动，带动群众致富劲头不断高涨，全力激发贫困群众自强自立的内生动力，让脱贫更"精准"，让脱贫更长效，让乡村振兴的发展基石更牢固。

村容村貌越来越美丽，脱贫攻坚成效越来越显著，群众口袋越来越鼓，大家脸上都洋溢着幸福的笑容……如今的天鹅湖新村，不断把"绿水青山"转化为"金山银山"，勾画了一幅村美、民富、产业兴的美好画卷。

朱家沟村：康养胜地　业兴人和

老宅森森声厚远，廊桥初起亭葳蕤，铁炉老犁述农史，胡笳琴瑟诉氏音。这里有1800年的麻柳树，这里有600年的朱氏儒学思想，这里有200年的朱家大院……这里就是康县美丽乡村——岸门口镇朱家沟村。

朱家沟，距康县县城8千米，全村207户，785人。因村内村民大多为朱姓，故名朱家沟。朱家沟位于岸门口镇政府河对岸，风景秀美的燕子河畔，属燕子河流域和牛头山系。2016年朱家沟被列入第四批中国传统村落保护名录，2020年1月被评定为国家4A级旅游景区，2020年7月入选为第二批全国乡村旅游重点村。

【文化根脉　精神家园】

关于乡村建设，习近平总书记曾指出"即使将来城镇化达到70%以上，还有四五亿人在农村。农村绝不能成为荒芜的农村、留守的农村、记忆中的故园"，"美丽乡村要望得见山、看得见水、留得住乡愁"。

康县在朱家沟美丽乡村打造中没有大拆大建，也没有砍伐树木，而是原汁原味地保留了古村原貌，让"红绿意蕴留乡愁"成为美丽乡村的内核。

在康县村口,有一棵1800年树龄的麻柳树,见证过中国共产党康县首次党员会议和第一届人民代表大会的召开。这是一段光辉的历史,也是朱家沟厚重的红色底蕴。

在朱家沟村中央坐落着朱家大院,这是一座四合院,青石台阶,象拱石鼓,还有高大的门楼等,让人瞬间感觉时光倒流穿越了百年时光。沿着房屋两边的石条台阶而上,便步入了朱家大院大门。穿过套厅,来到大院中央,可见五间正房,面阔三间,正中一间有六扇两开的木门,门头上刻有"积善余庆"四个大字,两旁是透雕窗花。如今,朱家大院被完好保存,成为康县清代民居的活化石,不仅留住了乡愁,还让朱家沟的乡村旅游多了一份厚重与吸引。

游客服务中心

朱家沟村

燕河湾别墅群

一棵古树,一座古宅,一段故事,绘就了一幅美丽乡村新画卷。漫步在朱家沟古村落,一条条宽宽窄窄的小巷、一栋栋房屋尽收眼底。虽然都是建在高台上的土房子,但其实外土内洋,在改造设计上都很有考究,篱

朱家沟村全貌

笆墙院落，厚重的木门，冬暖夏凉的夯土墙，散发着祖屋的味道，一草一木，物件家什，蕴含着丰富的传统文化内涵，将人带回到几十年前，甚至几百年前的岁月。

【精品民宿　归园田居】

2021年11月，文化和旅游部公布了首批31家全国甲级旅游民宿名单，甘肃省有两家民宿上榜，其中之一就是五福临门。五福临门民宿的建造，让当地村民将闲置的传统民居资源利用起来，不仅帮助他们在家门口创业，还延伸了一系列产业链，带动村民致富。

2017年，返乡创业的朱彦杰流转了5户村民的旧屋，开始改造成民宿。他以五福"福、禄、寿、喜、财"为主题，将整体面积约为780平方米的房屋，打造成5个小院落。改造过程中，他没有进行大拆大建，而是按照朱家沟古村落的特点，在保留原住房和村民生活习惯的基础上，结合现代人的住宿特点，提升了房子的舒适度与美观度。

改造后的五福临门民宿，有传统木质家具、石头院墙、花篮子以及古色古香的装饰设计，整个民宿充满了传统的乡野民居韵味。同时，整洁柔软的布草、明亮漂亮的灯饰、干净实用的盥洗用具，又让民宿充满了现代气息。作为康县第一家特色旅游民宿，"五福临门"已然成为康县乃至陇南市民宿发展的标杆。"五福临门"不仅是一个民宿，也是一个民宿模式推广的样板，为其他民宿和农家客栈提供了可学习、可复制、可借鉴的经验。

如今，越来越多的人认识了"网红村"朱家沟，这个系在燕河湾、隐藏丛林"深闺"中的古村落，摇身一变，成了富裕的美丽新农村，周围的城里人蜂拥而至。

【别墅群落　康养胜地】

朱家沟村抢抓中建集团对口帮扶的机遇，与中建集团共同谋划建成燕河湾旅游扶贫产业园，发展定位为田林纵横、鸟语花香、瓜果飘香、古风新韵、亲子体验、安居乐业的田园综合体，不破坏古村的整体布局，展现出原生态风景和本真生活方式下的美丽乡村新内涵、新形象。

燕河湾别墅群落以红色记忆和农耕文化体验为特色，以"乡村旅游"和"民宿体验"为出发点，以康养度假为主题，充分展示康县美丽乡村的魅力，将传统农耕文化与现代文明交织融合。燕河湾别墅群落占地面积约36024平方米，建筑风格以秦巴特色和康县传统民居相结合，集游客服务咨询、餐饮住宿、会议培训、团队接待、休闲度假、康养旅居、旅游商品加工销售、游客集散等诸多功能于一体，极大地提升了朱家沟村的旅游接待能力和乡村旅游品质。

在别墅群落里，10栋民俗小院分别设有四居室、六居室、十居室，同时满足"小家庭"与"大家庭"的需求。每个房间功能完善，床品布草都符合四星级宾馆标准，柔软舒适。独立的卫生间，24小时热水供应，中央空调，并安装了空气净化新风系统；无线网络全覆盖，配备"小度智能系统"，语音控制电视、空调和呼叫前台系统；可以定时叫醒业务和各种娱乐方式，它是目前康县唯一一家智能系统民宿；美食菜肴更是充分体现绿色环保、健康养生的现代餐饮理念，品尝纯天然的山野菜、野生菌、野生猕猴桃、黑木耳、深山土蜂蜜、深山土鸡等养生保健特色佳肴。

【村美民富　业兴人和】

听林海、观繁星、吃野菜、闻花香，在朱家沟村，游客只需花很少的钱就可以享受一整天的悠闲山野生活。

朱家沟以旅游扶贫为着力点，大力发展旅游产业，沉睡的历史和红色的基因被重新唤起，开发成让全体村民都能享受到发展红利的珍贵"乡宝"，在历经沧海桑田的变迁后，让自己"活"了起来，美了起来。依托丰富的生态养生旅游资源，按照"康养+医养+乡村旅游"模式，大力发展康养旅游产品，由康县中医院建立的颐养小院，将传统医学融入传统古村，把针法与艾灸结合，把药膳与自然相柔和，形成人与自然统一，真正做到了康养与医养的有机结合。

人来了，村活了，业兴了，村民们的生产生活方式也在发生着转变。昔日"开门见山"的村民们，现在已经变成了乡村旅游产品和服务的"供给者"。乡村旅游还使贫困家庭劳动力在家门口实现就业，拓宽了贫困群众稳定增收的渠道。看到村庄的变化和商机，朱家沟涌现出了很多回村青年，他们开办农家乐、农家客栈，发展养殖业和农业观光采摘，让百年古村重新焕发出了勃勃生机。目前，全村乡村旅游年收入300万元，带动全村61户，248人实现脱贫，贫困户户均增加收入5000元。

青山依旧，黛瓦如故，朱家沟村这个独具韵味的古村落正焕发着新魅力，初步实现了生态宜居、乡风文明、治理有效的目标，并朝着产业兴旺、生活富裕之路迈进。

第五章
成县

南山村：山川锦绣　稳步发展

青山叠翠、碧水环绕。在位于成县城关镇南山村的"锦绣云轩"农家乐，每天都有都市人一路按图索骥来到这里，只为在好山好水里体验乡愁、回归本真。

2020年，"锦绣云轩"农家乐通过考核验收，被评为国家3A级旅游景区。因势利导，自我突破，顺应需求，建设高品位农家乐，发展康养休闲农庄，南山村实现了"产区变景区、田园变公园、产品变礼品、民房变客房"的华丽转身，生动诠释了"绿水青山就是金山银山"的真理力量、实践力量和富民力量。

【转化资源　农家乐变"3A景区"】

南山村离县城不足5千米，过去当地贫穷落后，村落陈旧。近年来，该村以国家级森林公园鸡峰山景区为依托，借助田园房屋、梯田地和层林等，大力发展乡村旅游，吸引游客"春游花海、夏享清凉、秋赏红叶、冬观凇雪"。

成县鸡峰山是一座险峻山峰，海拔1917米，奇峰孤耸，状若鸡头，林木荫郁，层峦叠嶂，有"陇南第一山"的美誉。山南麓坡度较缓，茂密的马尾松、油松漫山遍野；山北横岭壁立，俯临充满生机的沃野平畴，溪流潺潺，松竹苍翠。东侧与主峰连接处，一径石阶在树丛间盘桓而达峰顶。北侧崖壁一只31米左右的雄鸡塑像，欲引颈啼鸣，造型生动，形象逼真，此为鸡峰山的徽志和象征。

南山村"锦绣云轩"农家乐就坐落于鸡峰山景区内，这里群山环抱、山清水秀、竹林苍翠、鸟语花香，春暖花开的时候，满山遍野都是油菜花、桃花、樱花、梨花，好像置身于仙境中，引得无数游客沉醉其中。尤其自"锦绣云轩"农家乐被成功评为国家3A级景区以来，为更好地吸引省内外游客前往观光旅游，南山村将农业和鸡峰山旅游业结合在一起，利用农业景观和农村自然环境，打造休闲观光旅游产业，使园区内四季花开、瓜果飘香。每逢节假日，游客的到来带动了景区周边农家乐的发展，村民们制作的荞茶节节、徽面饭、粉鱼、洋芋搅团、柴火鸡、土炕熏柿子等农家特色美食，因天然无污染的特点也成了"香饽饽"，热心的村民还给游客准备了核桃、烧酒、土鸡蛋等当地土特产，让大家都能满载而归。

【提升品位　小村庄变"绿富美"】

经过多年的发展，南山村旅游从无到有，如今更是成为全县发展乡村旅游的"领头雁"。

巍峨的鸡峰山，良好的生态环境，悠久的历史文化，使得南山村发展乡村旅游有着得天独厚的优势。然而乡村旅游想要永久发展，不仅靠旅游资源的完善，更重要的是文化品位的注入和优质服务的提升。

南山村注重开展吸引市民体验、休闲的文化活动，使文化产业与农业产业相得益彰，以文化支撑产业，以品牌塑造形象，

南山村一角

南山村民宿

南山村一角

按照"一村一品"的文化格局不断推出和延伸新的品牌项目，使其接连不断地萌发出新的生命力和凝聚力。2020年以来，南山村进一步突破传统旅游模式，推进乡村旅游的提档升级，深入挖掘秦皇祭天、杜甫诗词、红军长征等历史文化，耕地点籽、镰刀割麦、打连枷等农耕文化，传统婚俗、成县山歌等地方文化，植物园、观鸟台等科技文化，同时计划将传统的"沙坝粗陶""竹篮寨泥塑"等非物质文化遗产融入乡村旅游中，形成特色旅游，推进南山村人文与自然景观的和谐发展，使"农家乐趣游""田园风光游""休闲生态游"等旅游产品开发再上新台阶。

同时，南山村大力推行"康养+农业""康养+医疗"模式，建立宴会厅、医疗室、餐饮室、健身室、文创中心等为一体的康养服务中心，吸引游客休闲度假。如今，南山村的服务品位不断提升，小村庄摇身一变，成了绿富美，锦绣云轩农家乐也先后荣获陇南市示范农家乐、陇南市四星级农家客栈、成县传统文化展示基地、成县传统特色小吃传承示

南山村全貌

范点等称号。

【突破模式　步入"美丽新时代"】

往来不断的游客和纷至沓来的荣誉给了当地村民信心，于是，特色产业和农家乐如雨后春笋般在南山村成长起来，农区变景区、农房变客房、农民变老板。

南山村充分发挥自身独特的资源优势，利用充足的光热水土等有利条件，重点打造了总面积1100亩的南山核桃丰产示范园，栽植优质核桃2万余株；大力发展以苦参为主的中药材种植120余亩，发展种植订单辣椒31亩；利用政府配套资金45万元发展中蜂养殖产业，将剩余资金注入发展前景好、经营状况好的农民专业合作社及公司，不断壮大村集体经济，确保农民每年都有稳定的分红收入，真正让农民口袋鼓起来，让以核桃产业为主的农业特色产业和休闲娱乐产业成为推动经济发展的强力引擎。

南山村乡村旅游合作社还对公路沿线的农家乐进行了招牌规范整改、统一样式，打造"经营下山、居住上楼"经营与居住分离的"南山模式"，引进专业乡村开发运营公司，打造和谐宜居的美丽乡村：居民点公共免费Wi-Fi信号全覆盖，通村社及入户道路硬化实现全覆盖，建成停车场、休闲广场、公共卫生厕所；启动美丽乡村建设，广场铺装1635平方米，绿化面积210平方米，新建村民舞台1个、观光休闲亭2个。目前，全村发展特色农家乐5家，其中星级农家乐1家，接待床位130多张。一个季度，就可接待游客1000多人次，旅游产值累计500万元。

持续接力，久久为功。南山村将农家乐作为绿水青山转化为金山银山的一个重要通道，正步入发展的"美丽新时代"：农业真正发挥田园风光、山水资源、特色产业、森林景观的优势；农民真正与市民一道共享人生出彩、梦想成真的机会；农家乐也被贴上了"富民、创意、文化、智慧、全产业"的新标签。

梁楼村：乡村乐园　载梦起航

美丽梁楼，可静可闹，淡抹相宜。田园风情生态镇、美丽乡村示范区、特色产业新基地、休闲农业后花园，是人们对于这个美丽乡村的描述。不管是在周末、节假日，或者自己独有的休闲时刻，走进成县陈院镇梁楼村，总会忍不住感叹：繁华胜地，风月无边。

2017年中央"一号文件"首次提出了"田园综合体"这一新概念，意味着特色小镇的风口已经来临，也让自然和人文环境得天独厚的梁楼村，找到了自己提纲挈领的指导理念。

这个集农业生产、旅游生态、田园生活于一体的农旅养美丽乡村，在政策春风的吹拂下，在"望得见山，看得见水，记得住乡愁"的诗意中，于成州大地，一步一步坚实地走在复兴田园生活的道路上。

【城市后花园　乡愁诗歌】

梁楼村田园综合体坐落于素有成县"北后粮仓"之美誉的成县陈院镇，占地总面积1.3万亩，距离县城10多分钟的车程，是国家AAA级景区，以生态观光、休闲娱乐为主题，以"山中有树、林间有果、路路有花、四季常绿、有玩有乐、绿色生活"为主导思路，目前景区有200亩金银花采

娱乐场一角　　　　　　　　　　　设施农业

摘区、核桃采摘区、电商线下体验区、猕猴桃采摘区、网红打卡地、动漫游乐城、室内冰雕馆等8大区域。

在阳光明媚的时候，站在天梁山顶，吹着徐徐的凉风，看成县县城蓄势待发，或者在那时还会有人在你耳边不停地说着"我们那时候的故事"。

万寿菊产业

而在阳光洒落的下午，在那片油菜花海里，又是谁在流连忘返，听花开之音，见叶绽之妙，留下那一个个美好的瞬间。边走边看，彩虹滑道上，游客一次次地爬上滑下，笑声久久不散。而旁边的薰衣草田，早已成为网红打卡地，各种美图刷爆朋友圈，获赞无数。

从单一农产品到综合休闲度假产品，在渔乐农庄，利用自然水体发展养殖业，让游客体验垂钓、观鱼的乐趣；在瓜果采摘园和五谷种植园，以家庭为单位，从事种花、种菜、修剪果树、采摘蔬果等乡间劳作，体验亲近自然的乐趣；在油菜花谷和杏花谷，种植打造"精品花海"，通过体验赏花、采花、品花，感悟生活中的诗和远方；在陇小南网货供应中心，各式各样、包装精美的农特产品吸引着八方游客的眼球，他们把花椒、木耳、油橄榄等"陇南味道"带回品尝；在小木屋民宿，隐匿于丛林之中，枕着星辰入睡,伴着鸟鸣醒来,全身心回归大自然……

【乡村欢乐谷　缤纷乐园】

一个景点,可以繁荣一个地区;一片山水,可以富裕一方群众。2021年,甘肃民丰科技有限责任公司在梁楼村投资建成"成州欢乐园",打造冰雕馆、科技馆、魔幻水世界、蚂蚁王国、彩虹滑道等景点,是集餐饮、购物、休闲、娱乐为一体的生态旅游综合体,如今已成为名副其实的"成县后花园、成州欢乐谷"。

在"成州欢乐园",你还可以在"冰雕艺术馆"欣赏由30多位哈尔滨顶级冰雕大师雕琢的冰雕作品,可爱的斑马、长颈鹿、河马、狮子等,栩栩如生、惟妙惟肖,陪你畅游童话王国,享受童趣生活。晶莹剔透的冰雪城堡如梦似幻,北极熊在招手欢迎,小企鹅们也邀请你进入冰雪屋做客。在冰雪滑道,坐上滑圈一路畅行,喊上朋友们一起加入冰上极速竞赛,感受冰雪世界的无穷魅力。接下来,来到占地2000平方米的科技馆,你会被时时传来的笑声、尖叫声所感染,忍不住去体验一番刺激的VR"虚拟大战"。进入环幕影院,乘坐多自由度动感飞行器,穿行于影片主题环境中,经历一场有趣逼真的奇妙之旅。除了这些,还有电竞体验、淘气堡、高空拓展、全息投影、钓鱼池等体验式主题娱乐项目,等你来"嗨"玩,

梁楼村远景

定格收集一家人最幸福的笑脸。

这样的笑容更是绽放在每一个陈院人的脸上。近年来，陈院镇高度重视旅游业发展，尤其是在乡村振兴的关键节点上，继续依托梁楼村自然环境、自然资源优势，积极打造小景观和旅游餐饮，以一二三产业融合发展为依托，以乡村旅游为引擎，助推乡村振兴。

【美丽新梁楼　振兴样板】

当下，打造新业态、培育新场景、创造新消费已经变成了乡村产业发展的生动案例。"只有通过文旅电康养融合发展，才能做活乡村旅游。"梁楼村有自己的深度思考。

机制创新是根本保证。梁楼村探索多元参与的"合作社+"模式，通过就业带动、保底分红、股份合作等形式，让农民稳定长期合理分享全产业链增值收益。率先成立合作社，采取"合作社+农户""合作社+返乡创业人才""合作社+社会资金"的模式，对区域内的特色民宿、书吧茶室、特色旅游商品、无公害农产品等进行规范化运营。盈利部分按农户资源资产和社会资金投入比例进行分配，农户以保底分红的形式进行创收。

打造新业态、培育新场景、创造新消费是必然选择。梁楼村坚定不移地推进农商文旅体融合发展，不断培育壮大新产业新业态，促进农业由单一产业向复合产业转变，由短链发展向全产业链发展转变。逐步形成了特色餐饮、私房菜、农村生活体验馆、特色民宿等10余种新兴业态。2021年一季度，仅渔乐农庄游客接待量达23万人次，吸纳陈院镇务工人员120余人，产业覆盖周边群众403户1512人。不仅如此，还为周边群众开辟出了摆摊、卖小吃、建临时停车场等更多的创收渠道。

2022年完成"成州欢乐园"二期的魔幻水世界、康养中心等建设项目，随着这些项目的建成，为建设集"吃住行游购娱研学商"为一体的大景区起到助推作用，让陈镇院成为全市乃至全省乡村振兴的"样板"。目前，陈院镇正在积极申报国家4A级景区。

草滩村：绿水青山　永续增值

行进鸡峰山，烟云缥缈，林海茫茫，置身林中，偶有三五成群的野兔、狐狸、山鸡在林中追逐嬉戏、翩翩起舞，吸引着远近游客和摄影爱好者。这是成县鸡峰镇草滩村践行"绿水青山就是金山银山"理念，也是加强生态文明建设的生动实践。

草滩村是个藏在西秦岭深处的小山村，过去这里是个贫困村，如今，这里不仅全村脱贫，还步入了以乡村旅游、特色产业为基础的美丽乡村行列。一条条整洁的道路村村相连，一排排新植的绿树生机盎然，一座座温馨的小院井然有序，一盏盏新装的路灯照亮道路村庄，一张张农民的笑脸洋溢着幸福和喜悦，新农村的气息

草滩村一角

草滩村广场

草滩村

扑面而来。

【秦岭最美在草滩】

从陇南市区出发,经国道345,沿望子关向东入成县,在这里踏上渡云路,穿过鸡峰山,到达草滩村,这条饱览秦岭美景的路线,便是集生态路、风景路和幸福路于一体的旅游公路,让你充分享受自驾的乐趣。

草滩村位于成县县城南31千米的雷草公路上,海拔1551米,距鸡峰镇23.4千米。山上植被丰茂,树木荫郁,雨过天晴时,山腰云涛汹涌,气势壮观。这里是当地人钟爱的"天然氧吧",森林覆盖率达到96%以上,年平均气温7.8摄氏度,夏季平均气温15.6摄氏度,低调地隐藏在西秦岭的深山美景中。境内崇山拱持,重峦叠嶂;碧流穿峡,山秀水清;空气清新,植被丰富。驾行其间,日观林与海,夜摘星与辰,于莽莽林海中,看见绿色陇南的内涵,读懂美丽乡村的底蕴。

山路、人家、白云、绿浪……走进草滩村,迷人的风景赏心悦目,沿途走走停停,还可饱览秦岭峡谷的斑斓景色:春天的草滩村,满山开满了淡紫色的紫荆花,群山、森林、溪流、鸟鸣,色彩在慢慢苏醒;夏天的草滩村,万山叠翠,百花盛开,清凉爽心,是纳凉避暑的胜地;秋天的草滩村,是一幅实实在在的长卷风景油画,彩林缤纷绚烂让人挪不开眼;冬季的草滩村,大雪过后,雾凇景观十分壮观,犹如人工堆砌的千姿百态的雪雕,别有一番韵味。

最美"驾期",未来可期。这片林地效益不断凸显,已经成为山区群众取之不尽、用之不竭的"绿色财富",当地群众依托这片"林海"兴产业、谋致富,日子过得风生水起。

【致富金叶喜丰收】

"我有一垄烟,种在山水间,一片金叶在阳光中生长,一个富民产业在乡村振兴路上延伸……"

鸡峰镇是我市较早开发的烤烟种植基地之一,烤烟种植产业特色突出,草滩村则是鸡峰镇远近闻名的烤烟基地村。早在2004年,草滩村就开始种植烤烟了，20多年来，烤烟产业和精准扶贫、乡村振兴有机结合，使草滩村实现了脱贫致富奔小康的目标，累计带来收入160多万元，烤烟产业成为当地群众增收致富的"加速器"。

绿叶变"金叶"，产业留人才。在草滩村，扶持培育乡土人才助力乡村振兴，就要让烟农既是绿色农业的带头人，也是产业致富的带头人，草滩村坚持培育青年烟农，不断提高烟农收入水平，助力烤烟产业持续发展。踏着生态建设和生态富民同步推进的节拍，鸡峰山片区生态产业加快转型升级。在草滩村，依托生态资源优势，深挖历史人文潜力，让这个传统村落绽放新颜，推动林业特色产业蓬勃发展，目前全村共种植核桃900亩，中药材300亩，艾草103亩，烤烟639亩，养殖土蜂450箱，全村实现产业年收入500余万元，户均增收5000元。

近年来，草滩村把推动烟叶产业发展作为群众增收致富、巩固脱贫攻坚成果、深入推进乡村振兴的一项重要产业，落实千亩烟叶种植示范村计划，着力培育艾草、万寿菊等特色产业，在提升特色农产品附加值、优化农业产业结构、实现规模集约生产上下功夫，实现农村农业经济高质量发展。草滩村乡村振兴的步伐越发稳健，产业因"绿"而兴、群众因"绿"而富的生动实践持续上演。

【乡风文明人更美】

如今的草滩，干净整洁的村庄、葱郁的景观树掩映着错落有致的民居。一座座整齐的小楼，统一安装的电缆、网络、卫生厕所等设施一应俱全。院墙上或喷绘着励志标语，或画着栩栩如生的民俗图，无不从视觉上体现着人与自然和谐共生，农耕文化萦绕着田园村。

焕然一新的不仅是村容村貌，还有人们的精神面貌。草滩村坚持脱贫攻坚和乡风文明一起抓，从以物质扶贫为主逐渐转向物质扶贫与精神扶贫并重，努力解决一些贫困群众思想上的"等靠要"问题、观念上的因循守旧问题、致富上的本领不足问题。

近年来，在工作队和村"两委"主持下，村里通过富民课堂、第一书记讲党课、家风家训讲座、发布善行义举榜、文化扶贫到户等一系列活动和载体，不断激发贫困户脱贫致富的内生动力。修订了新的村规民约，组建了新时代志愿服务站和志愿服务队，开办了"爱心超市"，并深入开展"最美脱贫户""最美庭院""孝老爱亲模范""好婆婆好儿媳"等典型评选活动，持续提升乡风文明、促进精神富裕。

如今，垃圾不再是随手丢弃的物品，而成了村民眼中可换取积分的"宝贝"，大家自觉地改正了以前垃圾随手丢的"坏毛病"，村容村貌大为改观。在保护青山绿水、实现人居环境"持久美"的过程中，群众的思想意识也在潜移默化中转变成了行动自觉，广大群众的获得感、幸福感、安全感更加充实、更有保障、更可持续，满意度得到有效提升。

好山好水，好人家。在奔赴小康路的路上充满了欢声笑语，也充满了明媚的景色。在草滩，人们变得越来越勤劳，日子也变得越来越美好，这个小村庄正以全新的面貌展现在世人面前，未来将充满力量。

草滩村

西狭村：景村融合　振兴画卷

"州图领同谷，驿道出流沙。降虏兼千帐，居人有万家。马骄珠汗落，胡舞白蹄斜。年少临洮子，西来亦自夸。"1200年前，诗圣杜甫流寓四川途中于陇南结茅而居，有感而发写下这首《秦州杂诗·其三》。更早追溯到1800多年前，汉代摩崖最高杰作之一的《西狭颂》在这片土地上熠熠生辉，滋养着成州山川更加底蕴深厚、钟灵毓秀。

历史的脉络传承，一定不会因为时光的流逝而剑走偏锋。今日的成县小川镇西狭村，正携带着传承千年的文化基因，以诗意栖居的美学价值理念，串联起美丽庭院、特色产业、文化体验、休闲康养等点位，形成了移步换景、相融共生的乡村田园景致，营造出"村在景中，景在村间"的大美意境。

【景村互动　空间互叠】

位于西狭村以东的西狭颂风景名胜区是国家4A级风景区，景区内奇松、怪石、瀑布、险峰遍布，是陇南自然风光最秀丽的景区之一。西狭颂风景区之所以闻名遐迩，驰誉中外，并不仅仅因景色优美，风光旖旎，更重要的是因峡谷内中段青龙山北侧，黄龙潭上有东汉摩崖石刻《西狭颂》，保留了汉隶真迹，是我国书法史上著名的"汉三颂"之首。作为西狭颂风

西狭村广场一角　　　　　　　　　　　　广场一角

景区的西大门，西狭村以"把全村当作一个景区来规划，把每一户农家当作一个小品来营造"为理念，坚持走"景村融合"发展道路，积极发挥村内文化、旅游资源优势，将村庄建设与景点打造同规划、共发展，绘就了一幅"村庄美、人文美、生态美"的美丽乡村画卷，不仅为村民营造了良好的生态居住环境，带动了旅游、生态农业发展，还使乡村空间布局、基础设施建设等更加科学、合理、完善，为来往游客提供了高质量服务。

2015年以来，利用现有资源，西狭村打造村民公园，新建文化广场，整合千亩樱桃花海，修建通往景区的西狭大道，成功打造了省级环境卫生村，让西狭颂景区脚下的西狭村成了拥有浓厚文化氛围的旅游乡村，吸引了更多的游客。还结合自身传统文化、民俗传承特点，推出具有独特魅力的节庆活动，包括二月二庙会、唱木偶戏、拉二胡、唱小曲、装扮灯社火、马社火、车社火等民俗文化活动，努力将乡村旅游办出特色，办出品质，让城市旅游者参与其中、热情互动，深层次地感受乡村文化的内涵和魅力。

【景村一体　资源共享】

为实现"景村融合"，西狭村充分发挥区域内景观、农业、文化优势，并考量当地村民意愿，通过对乡村自然景观和文化遗存等旅游资源进行开发，使旅游资源为村民与游客所共享，逐渐形成了集文化体验、乡村休闲旅游为一体的景村建设及发展思路。

一方面，通过对茶马古道、西狭栈道、摩崖石刻、农耕文化等各类文化资源进行统一规划和整合，确保静态的视觉观感和动态的体验景观兼而有之，让游客直观感受到乡村历史文化及精神。另一方面，通过"里子""面子"两手抓，全面提升改造各村村庄立面、景观节点、停车场、标识系统、旅游厕所等公共基础设施，提高乡村颜值，提升村民生活水平和旅游的便利性。最后，还坚持加强群众社会公德、职业道德、家庭美德和个人品德教育，大力弘扬惩恶扬善主旋律，营造向上向善的浓厚乡风，积极开展了美丽庭院、文明家庭、星级文明户、五好家庭等创建活动，开展乡风评议，弘扬道德新风，乡风文明程度大幅提升。

为形成有效联动，让村庄与景区客源市场共享，西狭村将景区和美丽乡村打包宣传，并结合美丽乡村建设，围绕西狭颂景区周边着力打造美丽乡村示范点，带动景区和乡村融合发展，让山川和村落成为旅游好去处。

【产业带村　效益双赢】

好的生态环境是旅游产业发展的根基，促进经济发展又是旅游产业的目的。近年来，西狭村围绕产业"特而强"，依托山水林田湖的自然脉络，有度有序利用自然，坚持发展大樱桃林果经济，促进文旅多元化融合，培育乡村文旅产业发展新动能，积极开发田园采摘、休闲农业等文旅康养活动，为乡村振兴插上绿色的翅膀。

依托支部引领，推动产业振兴。西狭村发挥村党支部带领农户共同致富的主心骨作用，党支部牵头推动产业发展，持续强化产业科技投入和管护力度，不断推动产业向规模化、效益化、品质化发展。2021年，通过东西协作资金52.5万元，新建成200亩西狭大樱桃丰产示范园。将园区变为景区的一部分，计划构建"樱花风情线""樱桃采摘园"，打造"樱花小庭

西狭秋色

院"，吸引各地游客前来打卡。同时，健全"合作社+"模式，强化产业管护。充分吸纳合作社的剩余劳动力、闲置资源、先进技术和管理经验，负责对本村特色种植产业进行跟踪管护，提升管护成效，有效提高产量和质量，实现丰产增收，一些村民顺势发展起种养殖业、制作售卖农产品等，腰包也跟着鼓了起来，实现了经济效益与生态效益的共赢。

"景村融合"不仅强化了乡村的功能及形象定位、空间布局、旅游开发和基础设施配套等，还丰富了现行村庄的规划内容，促进了经济、社会、生态的和谐发展。今后，西狭村将继续以旅游景区的标准建设美丽乡村，并以旅游景区建设带动乡村发展，实现乡村景区化与景点化，促进乡村与景区融合协调发展，助力乡村振兴。

西狭村全貌

第六章

徽县

贺店村：乡村如画 民风日新

风景秀丽，气候宜人，山上古柏翠绿，曲径通幽，鸟语花香，风景绮丽，千年紫荆、万年红豆杉生长其中。登山远眺，数十里伏镇川、栗河、金徽生态酿酒工业园及徽县工业集中区尽收眼底。山脚下，古老的栗河穿村而过，为生产优质白酒提供了得天独厚的自然条件，远近闻名的金徽酒业股份有限公司就坐落于此。

这里就是贺店村，位于徽县伏家镇东北部，距县城15千米，316国道横贯南北，全村辖9个村民小组，551户2110人，是中国文化名酒"金徽酒"的产地，曾获得全国民主法治示范村、全省农村先进党支部、陇南市文明村等多项荣誉称号。

【金徽佳酿美名传】

"栗亭名更佳，下有良田畴""密竹复冬笋，清池可方舟"……"诗圣"杜甫笔下的"栗亭"即金徽酒原产地伏家镇贺家村，从诗中不难看出徽县满川沃野、盛产粮食、物产富饶、水资源丰富的景象。不可复制的独特地理环境，孕育了流传千年的生态美酒——金徽酒。据地方志记载和出土文物考证，金徽酒是在中国"名酒之源"青泥岭诞生的宫廷御酒，源自西汉，盛于唐宋，青泥岭在明清时期成为闻名遐迩的"名酒之乡"。

南宋年间，青泥岭上仙人关大战捷报传来，百姓们欢欣鼓舞，宰鸡烹羊，挑着酒笼、抬着酒坛犒劳将士。因人多酒器少，将士们纷纷以头盔为盏，痛喝豪饮。席间有人戏称喝的是"金盔酒"，吴玠听闻，便说道："名虽响，却欠雅，何不称之为'金徽酒'。徽者，美也……"众人拍手称快，连连叫好，从此徽酒以"金徽酒"冠名，与仙人关大捷共同名扬天下。

一段历史成就一坛美酒，一代代贺店人薪火相传。承载着希望和期盼，贺店把产业发展作为乡村振兴的立足点，走上了一条增收致富的发展之路。依托陇南经济开发区核心区的区位优势，借力园区企业发展势头，将园区开发建设占用土地的劣势转化为解放劳动力、提升务工收入的优势，村内群众就近到园区企业务工，围绕服务园区企业发展做文章，初步形成了以劳务产业为主，个体私营产业、畜牧养殖业为辅的产业发展格局。据了解，全村共计劳务输转2400余人，发展个体私营企业6家，个体工商户50多户，发展养殖户48户。

【美丽乡村入画来】

环顾四周，群山环抱，碧水绕村，别墅联排。走在宽敞、平整、干净的硬化路上，鞋上沾不到一点泥，两旁的稻田里，小鸟与鸡群在田间嬉戏着寻觅秕谷。漫步村中，所有溪沟清水淙淙，大道小巷干干净净。留心细处，竟没有发现一片纸屑、一个烟头。

和谐广场

贺店村一角

豆制品产业

来到贺店村，仿佛置身于城市的高档小区。近年来，贺店村抢抓新农村建设的有利机遇，一期建成金徽新村二层欧式别墅30户，二期建成商住两用二层庭院式别墅63户。农家别墅漂亮大气、规划有序,不仅有宽敞的阳台,而且有迷人的庭院。米黄色的墙体,红色的房顶,雄伟壮观,院的周围是各种样式的篱笆墙和五颜六色的花卉植物,院子的大门气势恢宏,院内是一楼一底的花园洋房,占地四五百平方米;有的建在浅山脚下,别墅房前是稻田,背靠青山,山水相映,美丽耀眼;有的建在国道沿线,中欧风格结合,造型设计独特,青砖碧瓦,花卉环绕,堪称私家小花园。

别墅建好了,各种设施都得跟上去。配套建成村民服务中心、法治文化广场,广场上绿树成荫、苍木挺立、亭台小阁、陶罐镶嵌,古朴又不失现代风格;全面实施"厕所革命",取得良好成效,全村共有卫生厕所505座,新建雨污分离渠道2.52千米,铺设污水管道1.64千米,省市农村厕所革命工作现场会曾相继在贺店村召开。

贺店村全貌

如今的贺店,宜居宜业宜游,村容整洁精神爽,美丽乡村入画来。

【乡贤引领促发展】

贺店自古人才辈出。目前，在外闯荡打拼的贺店籍人士达到435人；在市内创办企业14家；在各级行政单位工作的贺店籍公职人员24位……近年来，贺店村把村风文明建设作为乡村振兴的发力点，创新"1155"的乡贤工作机制，探索建立乡贤馆，逐步完善升级"党建＋乡贤"示范点，加强与在外新乡贤的情感联络，赢得新乡贤对家乡发展的关注。

贺店村红色精神代际传递的文化氛围浓厚，党支部集中商议决定开拓"乡贤记忆堂"模式，通过各种渠道收集老照片，照片内容丰富多彩，生动反映了贺店奋进历史；通过挖掘和摸排，针对本村在外发展的高级知识分子、高级职称专业人才、优秀干部、能工巧匠、致富能人，建立贺店村"乡贤公益堂"，在全体农村党员中积极宣传优秀事迹；贺店村本着人才资源充分利用的原则，打造功能齐全的党建"乡贤议事堂"阵地，邀请乡贤为群众授课，交流发展思路，谋划产业发展，为村民树立榜样。

乡贤文化让贺店人心有榜样、行有力量，看得更高、走得更远。老支书刹映旭办事公道，廉洁奉公，一心为民谋福利，三次放弃招工招干的机会，抢抓机遇兴办企业，坚持带领群众苦干实干、创业致富；陇南春酒厂职工刹生俭舍己救人，不幸牺牲，1997年4月，被甘肃省政府追认为革命烈士；民兵排长百成阳，1977年当选为中国共产党第十一次全国代表大会代表，1979年参加甘肃省第一届"新长征突击手"表彰大会，并被团省委授予"新长征突击手"荣誉称号……在他们身上，涌动着坚忍不拔、有志者事竟成的"贺店力量"，凝聚着奋发图强、自强不息的"贺店精神"，榜样的力量催生新农村年轻一代干事创业的动力，以"新乡贤"为示范引领，让广大村民明白身边"人人可学，人人可为"。

百尺竿头放步行。面向未来，贺店村将坚定不移地走以"生态优先、绿色发展"为导向的高质量发展新路子，顺势而为，乘势而上，全力打造美丽乡村升级版，在乡村振兴的道路上昂首挺胸、阔步前行。

稻坪村：嘉陵江畔　古村振兴

行走在春气富足的稻坪之地，犹如置身于诗意桃源之中，远山、竹林、溪水、鲜草、古民居，构成一幅幅美不胜收的锦绣画卷。

稻坪村，位于徽县嘉陵镇北部，距离县城31千米，距离镇政府14.2千米，总面积3.5平方千米。这座幽静、秀丽的古村落，有文字记载始建于清嘉庆年间，距今有200多年的历史。因所拥有的明清建筑文化、农耕文化、红色文化，而成为远近闻名的旅游胜地。

2016年，稻坪村被住建部评为"全国第四批传统古村落"；2017年，被评为"国家历史文化名村"；2018年年底，全村实现整村脱贫；2019年，成功申报为"稻坪古村·生态旅游"国家AAA级旅游景区，甘肃省文化遗产"历史再现"工程博物馆。

【绿水青山生态美】

"四山拱抱，二水萦纡，良田百顷，佳禾繁生，气候温润，景象旖旎。

稻坪村一角

稻坪村外景　　稻坪村休闲娱乐产业

接云屏,临三滩,南去徽州七十里,东藏秦岭腋肘中……"稻坪村头广场的照壁之上,镌刻的《稻坪村赋》,道出了美丽稻坪的前世今生。

稻坪村,一个不被世人了解的秘境,鸟鸣、瀑布、乱石、竹林、山洞、燕子石,动中有静,动静结合,身在其间,便得世外之境,身心皆得自在。稻坪人日出而作,日落而息,岁月的风尘剥去了朱门风流,模糊了砖雕木刻,蛛丝结满雕梁,尘埃糊上篷窗。只有巍巍挺立的古民居,历经一两百年的风雨沧桑,依然守护着家园,无声地讲述着过往。

古建承担了"历史再现"的功能,生态之美也是稻坪村的一大看点。村道边还矗立着一棵美丽的辛夷花树也叫"药王树",树高近40米,冠幅超过30米,据说这是目前在国内存活的最大的辛夷花树。辛夷花又名望春花、木兰、紫玉兰,属木兰科植物。春天来稻坪村看辛夷花开,已成流行趋势。在稻坪村周边,桃源沟是必须去的景区,有龙须叠瀑、桃花潭、龙吞瀑布等大小阶梯式瀑布40余处,高悬的瀑布穿过峡谷,层叠九落,在巨石之间激荡穿越,山水相映,美景滋生。

稻坪村坚持以绿色发展引领生态振兴,用青山绿水的底色,高品质生活的主色,高质量发展的亮色,把弘扬乡土文化、彰显乡土特色摆在突出位置,坚持在继承中发展与创新,加大古村落古民居的保护力度,真正让古村落古民居,成为"乡愁"守望地,让传统古建筑"活"在当下,擘画出一幅欣欣向荣的画卷。

【守望乡愁人文美】

"暧暧远人村,依依墟里烟。狗吠深巷中,鸡鸣桑树颠。"漫步村内,满是记忆里的乡村味道,远眺,漫山葱茏,古民居青色的屋顶,在其间若隐若现。这里有我们失去了,却无法忘怀的美好记忆,依如昔日的小桥流水、炊烟牧笛、水车嘎嘎、耕读传家……

这是久违的乡愁,稻坪村是闻名遐迩的传统古村落,尤以清初尹老爷的古宅大院而声名远播,有证可考从尹举人开创基业距今,尹家至少已有200多年家史,现存有古宅27座104间,保存较完整的有24座95间。

徽县在新中国成立前后流传着一段关于"尹老爷"的传奇故事，尹老爷名尹志（或尹炽），幼年丧父，靠亲娘和二娘抚养长大，十几岁即执掌家事。清末宣统年间，尹老爷任徽县南乡民团头目，尹氏家族在徽县周围有些名气，《徽县志》"南乡农民打盐店"一节记载了他刚正不阿的抗暴事迹。清朝宣统元年(1909)，盐价高且掺假严重，每百斤食盐掺杂白砂二十至三十斤。县盐业公司股东席重珍(典史)处理纠纷时，往往偏袒盐商，民众对此不满至极，长期积怨最终导致了民国元年(1912)尹老爷愤然率领民众打盐店事件的爆发。最后达成三条解决办法：盐价每市斤降至48文，买盐钱色与市面相同；严禁食盐掺杂使假，不得缺斤少两；除盐店外，允许其他商贩经销食盐。经此一事，尹老爷成了土匪帮派的"眼中钉"，因族人泄密、背叛，尹老爷从秘道逃亡时被土匪们擒获，押到"老院里"经受一番折磨后被砍死，时年四十余岁。

尹老爷留给后人最宝贵的财富就是这种不怕为百姓流血牺牲的精神，敦仁厚礼的祖训代代流传，变的是与时俱进的创新思维，不变的是仁义济

稻坪村全貌

世、爱家爱国的精神内核,这种精神像一块巨大的磁铁,紧紧地把稻坪人吸引在了一起。

【点绿成金产业美】

山水,是稻坪的光环,也是稻坪的生命,于此可居、可游、可行、可望,拥繁盛桃林,享静谧空间,让生活更惬意祥和,更颐养安康。

旅游资源丰富,四季风景如画,发展前景可观。2018年3月,村里成立了徽县青泥岭树蜜稻坪生态养殖农民专业合作社,按照"党支部+"发展模式,在开展中蜂养殖的同时,进行乡村旅游、农村实用人才培训等经营内容,为发展集体经济和带动群众增收开辟新途径。2019年,稻坪村依托民俗、红色、山水和美食等先天资源,研究制定"一心一轴两翼"总体规划("一心"即尹家老宅古民居群落,"一轴"即以桃源河为轴线,"两翼"为桃源胜境及高山稻田综合休闲园),进一步做活乡村旅游产业。稻坪生态养殖农民专业合作社三年累计为群众和村集体分红资金达105万元。景区2019年接待游客20余万人次,实现旅游综合收入120余万元,当年实现分红78.557万元。

下一步,稻坪村将结合自然风光、历史文化、民俗文化等资源,加强乡村旅游与休闲农业、康养产业等融合,开发一批具有文化性、乡村性、体验性的,且适合深度游、自助游的复合型旅游产品,推进乡村旅游提档升级,逐步实现乡村旅游到乡村生活的转变。

广袤农村天地宽,因地制宜潜力大。从稻坪村的发展奇迹可以读出旅游转型升级、古村落保护与发展、扶贫攻坚、乡村振兴……如今的稻坪村,乡村田园正催生"美丽经济",一批新产业快速成长,乡村振兴正孕育着蓬勃动力。

郇庄村:千年古村　沉淀繁华

郇庄村位于栗川镇西7千米处白塔河河谷,北连伏家镇,南接成县红川镇。村内居民以郇姓居多，故村名自明清以来称为郇庄。

民国版《徽县新志》记载"郇家庄在城西四十里红渠铺"。校勘源流，栗川镇郇庄村距今已有两千余年文明发展史。2019年6月6日，中华人民共和国住房和城乡建设部官网公布，郇庄村正式列入第五批中国传统村落。

【千年白塔　巍然耸立】

在郇庄，有一座佛塔，历经千年，仍巍然耸立。从远处眺望，宏伟壮丽的古塔在宽阔坦荡的山坳凌空高耸，四周树木错落有致，村舍隐藏其间，塔旁有一高23米的银杏树，映衬得白塔更显巍峨壮观、潇洒俊美。

白塔始建于宋淳化年间(990—994)，距今已有1000多年的历史，真正称得上是陇南的古建筑。白塔，亦称砖塔，是用多层叠涩檐承托平座的砖塔，通体砖筑，实心楼阁式建筑，平面呈八角形。底部为两层石条砌筑的台基，每台依次宽出塔身0.16米，塔体下阔上收，各层面宽度与高度自

千年银杏树　　　　　　　　　　　　国宝单位 宋代白塔

郇庄客栈

下而上逐渐递减，整个塔体轮廓呈角锥形。塔体的四个正面各施刻画板门和二窗，双门紧闭，窗雕菱形格棂，刻工简洁，线条清晰；四隅面无门，均雕菱形棱窗三个。各塔檐每面施双抄花拱三朵，转角出双抄挑角斜拱，上承替木，再上雕出檐椽，上铺砖石两层，呈斜坡状。

1975年文物普查后，砖塔被徽县革命委员会于同年11月6日列为县级文物保护单位，建立了保护档案，设立了保护标志。修复后的砖塔主体保持原貌，塔基提高1.2米，原混凝土塔座拓展为石条台阶，改混凝土外围栏为钢管护栏。2013年3月，砖塔被国务院公布列为国家级文物保护单位。

千年岁月，千年变迁，如今的白塔，记录着一段古老的郇庄历史，承载着一段厚重的人文积淀，滋润着郇庄这一方水土，惠及着人们的精神世界。

【千年银杏　浴火重生】

郇庄白塔河周围土地肥沃，物产丰富，人杰地灵，是先民定居生息之福地。众多的常住人口与昌盛的农耕文化，造就了这一带繁多的文物古迹。其中，郇庄村西存活的一株千年银杏古树为当地悠久历史的见证物。结合徽县与栗川的人文发展历史，参照郇庄周边地区广泛分布的银杏古树推算，这株古树树龄在千年以上，是郇庄的标志性文物之一。徽县先民认为古树具有保一方百姓平安的灵气，故历来有崇拜古树的宗教信仰习俗。历史上郇庄古银杏树旁曾建有白银观音寺一座，这株古树备受当地村民的保护与崇拜。

这株银杏古树在20世纪70年代曾遭意外火焚，致使主干上部及树心部位被大部分焚毁。古树被焚之前枝繁叶茂，树冠直径达50余米，春夏亭亭如盖，秋季果实累累。经20余年的风雨滋润，古树又在根部滋生出许多新枝，重新焕发出旺盛的生命力。而遭受火焚之后的树桩，俨然如一株天然造化的巨型盆景，给人一种历经沧桑之后独有的美感与视觉冲击力。

千年银杏浴火重生，经历了四千多年的风霜雪雨，至今依然屹立在郇庄，不知观赏了多少慷慨激昂的历史正剧，向人们诉说着陈年往事。

【人杰地灵　道台故居】

郇献谟，故居在郇庄，而为官在安徽阜阳。顺治戊子年(1648)，为科副榜，任江南颖川州周州同(今安徽省阜阳市)，后官至道台，现郇庄村还遗留着郇道台故居和郇道台墓遗址。

"道台"，清时"道员"的别称。"道员"，明初布政、按察二司以辖区广大，由布政司的佐官，左右参政，参议分理各道钱谷，称为"分守道"；按察司的佐官副使、佥事、分理各道刑名，称为"分巡道"。此为"道员"称谓之始。道员(道台，道尹)，相当于现在的副省长级别，为从三品或四品官员。清朝官员等级分"九品十八级"，每等有正，从之别品。

清道台郇献谟，长期在外为官，在古村栗川郇庄建造了居宅，建筑面积为600平方米，砖木结构楼房，四周为风火墙。道台喜欢喝茶，当年在房前开挖的一口水井至今还未干涸，现在仍有村民饮此井水，水质清澈透明且甘甜，生饮如同今天的瓶装矿泉水，烧开后没有水垢、味带甘甜。岁月风尘，历史沉淀。道台故居如今依然伫立，静静地见证着郇庄历史。

郇庄村全貌

【文旅融合　激发活力】

因宋代砖塔、清代道台故居、道台古井、千年古银杏树而闻名，郇庄村2018年被纳入"中国传统村落名录"。

按照美丽乡村建设的标准要求，栗川镇按照"一村一景""一村一韵"的总体思路，从白塔景观风貌入手着力打造魅力栗川，发展旅游，在文物主管部门的支持下再次修葺白塔，修建白塔寺院，使得白塔依旧生机盎然。同时，立足于资源禀赋、历史文化、区位环境的优势，郇庄村坚持"政府引导、因地制宜、合理布局、示范带动、提高效益、促进增收"的原则，持续深入实施产业扶贫行动，扎实推进种植、养殖、旅游观光等富民产业培育发展，切实发挥好产业扶贫在脱贫攻坚中的基础性、支撑性、保障性作用，为乡村振兴奠定了坚实基础。

古朴自然的风光与白塔交相辉映，独特的人文历史与优美的自然景观交错融合，随着郇庄村历史文化的不断挖掘，旅游价值日益凸显，郇庄村立足实际，深挖旅游资源，努力形成"观白塔，赏古树，游道台故居，品古井茗茶，吃农家饭"的观游模式，慕名前来观光旅游的人络绎不绝，同时也吸引了许多市县内外的摄像爱好者、书画爱好者前来采风创作。

郇庄的美，是历史沉淀的美，是岁月留痕的美。在未来，郇庄村将以独有的生态文化优势为依托，打造"高颜值"的乡村旅游景点，发展绿色经济。乘着"两山"理论的东风，千年古村落定会实现跨越式发展，成为新时期新农村建设的典范，焕发出新的生机。

青泥村：古道驿站　续写繁荣

"青泥何盘盘！百步九折萦岩峦……"在《蜀道难》中，唐代诗人李白的寥寥数语，便把蜀道之青泥道行进之难体现得淋漓尽致。

青泥岭位于秦陇蜀三省交界之地，有鸡鸣三省之说。从地理的角度看，这里北锁秦陇，南控巴蜀，自古是兵家必争之地。而坐落在铁山脚下的青泥村，自古便是蜀道上举足轻重的"青泥驿"，宋以前的历代朝廷都在这里设下驿站供路人歇息，1000多年商贾马帮南来北往、川流不息。

【青泥古道　历经沧桑】

青泥道，因在青泥岭上而得名。

据考证，20世纪60年代在徽县县城南门外还竖立着一块明代雕刻的石碑，书有"通蜀门"三个大字，从这三个字可以看出，出了县城南门就踏上了入蜀的古道。

从徽县县城出发向南绕山而上，行进大约10千米，便到了大河店镇的青泥村。沿着整洁的水泥路继续往山里走，大约不到十分钟车程，便看到路旁赫然立着一尊黝黑的石碑，碑名为"远通吴楚"。碑文记载了青泥道自明代以来的通行路线、险易程度及当地百姓自发维修青泥道的情况。青泥道远通吴楚，反映了当时的山民们对外面世界的向往。

沿着路再行进三五百米，在青泥村北面的石崖上，一处明代留下的摩崖石刻保存完整，因其横额上刻有"玄天神路"四字，

烟雨青泥岭

青泥村广场

青泥村街道

当地人一般叫它"玄天神路"碑，又名"新刊修路碑记"。碑文写道："上自青泥岭，下至青泥河，土路坍塌，顽石阻隔，往来奔走不便，人人所忧虑者。今众等集乡约会，各施资财粮石，发心修理道路。"这是青泥古道上关于路的又一处历史见证。过了玄天神路碑行进大约5千米，水泥路也走到了终点，只剩下窄窄而泥泞的土路。跨过小溪，半裸露于山坡上的石阶大约就是青泥道最明显的遗迹了，只容一人通过并延伸向茂密的荆棘深处，路的一边是苍苔丛生的巉岩怪石，另一边则是奔泻如注的溪涧，顺着山腰向前伸延，没有尽头……

青泥岭，既是陈仓古道入蜀的屏障，也是南北交汇的要冲。历史上这里马帮驮队，络绎不绝，繁荣兴盛。如今，青泥古道上不畏艰险、开拓四方的精神也伴随着这里曾经发生过的故事，一起融进了中华民族的骨骼与血脉里。

【青泥诗韵　无尽浩叹】

大山深处的青泥村在雨雾中显得有几分静谧，文化小广场上李白、杜甫的白色雕像格外醒目，诗仙李白显得神采飞扬，他的标志性动作——手举酒杯正在豪饮；诗圣杜甫则面容清癯，手握毛笔似正在作诗。

"青泥何盘盘，百步九折萦岩峦……天梯石栈相钩连。"千百年来李白的《蜀道难》成了千古绝唱，青泥古道也在历代文人骚客的笔下积淀了深厚文化。如今，在青泥村依然可寻见遗留下来的碾盘、枯井、对窝、马槽等。据悉在青泥岭23.5千米的区域范围内，分布着历代摩崖石刻及碑刻71方，隋唐以来的寺庙建筑共8座，如隋朝的太和庵、唐代的万安院、长丰寺、南禅寺、泰山庙、罗汉洞、三眼涧、明代的真空寺；还有北周的石窟石造像1处。

走进青泥村，仿佛是在穿越时空的隧道，翻阅着历史的长卷。据史料记载，唐朝后期，以诗人李白为代表的文人墨客从长安向蜀地的锦官城云集，李白、杜甫、王勃、卢照邻、高适、岑参、韦应物、元稹、李商隐、柳宗元、薛涛等十多位杰出的文学家和诗人，都曾经过青泥岭，他们或惊呼青泥岭道路的艰险、高峻；或赞叹青泥岭山势的雄奇、壮观，或吐露真情或抒发感慨，均留下了壮丽的篇章，其中不乏像《蜀道难》这样的千古绝唱。唐以后，宋、元、明、清、民国历代文人学士写青泥岭的诗词歌赋也有200余篇，在中华文化的发展史上占据着重要的一页，也奠定了青泥岭作为文化名岭的重要地位。

【青泥商路　续写繁荣】

青山相偎，绿水相依。行走在青泥村，青瓦白墙的房屋显得有些古朴，白墙上绘以古人饮酒作诗图或商贾云集在集贸市场交易的场景，道路两旁三三两两悬挂着"青泥岭客栈""青泥岭酒家"字样的彩旗迎风招展，仿佛来到了古时候繁盛的青泥驿，看到当年店铺林立、酒旗招展、商贾云集、人欢马杂的繁荣景象。

据"新修白水路碑记"记载，宋嘉祐二年（1057），为避开青泥岭之险，绕道而行修成了白水路，青泥驿被废弃，当时，仅裁撤的邮兵就有156人，驿马156匹，该驿站和递铺每年为朝廷节省的粮食达五千石，喂马的饲料堆成堆要一万人伸直胳膊才能抱拢，解除契约的执事役夫达30余人。而新修的白水路上增加了阁楼2309间，供传递文书的人沿途休息的邮亭、驿兵驻扎的营房、转运大批货物计数编号的纲院共383间。通过对比，可见青泥驿当年的繁华程度。

随着1933年316国道和1957年宝成铁路的建成，青泥古道终于完成了它的历史使命，走进了历史的博物馆。2015年10月1日，十天高速公路（湖北十堰至甘肃天水）正式通车，此路正从青泥岭脚下通过，不论是前往成都还是西安，都不再遥远，也不再艰难。

借势而为，乘势而上。近年来，青泥村把发展乡村旅游作为突破口，大力挖掘青泥古道文化，依托青泥古道修建了观景亭、花园、观光道路，逐步完善了水、电、路、桥等基础设施。曾先后荣获"省级美丽乡村""中国传统村落""陇南市文明村""陇南市卫生村""陇南市历史文化名村"等荣誉称号。如今的青泥村，正朝着融古道文化、秦巴民俗风情、自然山水生态于一体的体验型、区域性休闲旅游目的地大步迈进，全村目前已建成农家乐8家，年旅游收入达到了200万元，发展乡村旅游逐步成了青泥村致富增收的新路子。

青泥村全貌

穿行在藏在云海中的青泥古道上，历代文人骚客留下的诗篇让人感慨万千，而如诗如画的青泥村，成为探险访古的独特景点，吸引着各地游客争相前往。千百年来，青泥岭静静地矗立在陇之南的崇山峻岭中，续写着秦陇蜀大地的繁荣兴盛。

田河村：嘉陵江畔　璀璨明珠

一棵千年古树，便是一段不老传说，足以让一个小山村富有灵气。在嘉陵江畔的田河村，古琴悠悠撩动心弦，那千年银杏树寄存着思念情愫，诉说着沧桑变化。

沿着盘山公路进入田河村，犹如穿行在一条如诗如画的长廊中，只见满目葱茏，参天古树盘根；村落若隐，一江绿水环绕，153棵千年银杏树是"镇村之宝"，沉淀千年守护着这片土地，历劫千年越加焕发生命力。

【千年银杏　惊艳时光】

嘉陵镇田河村位于徽县南部，距县城15千米，距徽县火车站6千米，交通便利，水丰土腴，气候温润，自然生态环境绝佳，村里错落分布着153棵千年古银杏树，拥有着全国最大的古银杏树群落，也是有名的生态旅游村，吸引着四面八方的游人。

一棵千年银杏树庞大的树冠下，是徽县银杏博物馆。馆内面积不大，但寥寥数语便能品味出这些千岁老树的厚重：有中国国树之称的银杏出现在几亿年前，是第四纪冰川运动后遗留下来的裸子植物中最古老的孑遗植物，现存活在世的银杏稀少而分散，上百岁的老树已不多见，和它同纲的其他植物皆已灭绝，所以银杏又有"活化石"的美称。

嘉陵江

田河村全貌

田河村千年银杏

田河村赏秋

在一棵棵银杏树的树荫下，沿着村里蜿蜒平整的水泥路前行，青瓦白墙的农家院落与漫山遍野的成荫绿树相映成趣，每家房前都有一座独立的小院，勤劳朴实的村民在自家的院子里栽着各种花卉、果树等观光植物，小院由篱笆墙围着，好一派田园风光！

田河村最吸引游客的除了千年古银杏树群落，还有独具特色的农家乐，"赏银杏景、吃银杏果、品银杏茶"，体验农家生活，吸引了众多的游客。近年来，田河村先后被省、市评为"省级文明村""先进基层党组织""特色产业发展先进村""基层党建示范村""市级文明村"。并于2017年11月荣获中国林学会授予的"中国最美银杏村落"称号。

【畅游嘉陵　搏浪击水】

青山含黛，碧波荡漾。乘一叶皮筏，顺流而下，极目田河村境内嘉陵江满眼碧绿，"两山排闼送青来"，伫立潮头，长歌一曲，心旷神怡，舟从江上过，人在画中游。行至激流险滩处，水花飞溅，浪遏飞舟，你可尽情挥动三尺船桨释放自己，惊心动魄，尖叫声此起彼伏，直入云端，激情飞扬。

来到田河村，不来漂流实是一大遗憾。"陇上第一漂"的嘉陵江漂流是徽县嘉陵江水资源开发的旅游项目。嘉陵江漂流选取素有"小三峡"之称的嘉陵江上游流程，该流程始于嘉陵黄沙河，止于虞关罗汉洞，沿江两岸奇峰壁立、怪石嶙峋，集丰富多彩的自然和人文景观于一体，火焰山之神奇，鹰嘴崖之雄姿，卧象山之神韵，鱼儿崖之奇险，睡美人之娇媚，姊妹峰之靓丽，青泥岭之陡峭，月亮峡之幽深，八大自然景观尽收眼底。

嘉陵江大峡谷景区不但是一条景观长廊，也是古今商旅大通道，著名的古蜀道沿江而筑，工程浩大的宝成铁路顺流而下，三国文化、唐风古韵、明清遗迹、风土民俗形成了自然与人文、历史与现代交叠的丰富景观，串联成了如诗如画的嘉陵江大峡谷风景线。沿线的千年古银杏树群落赋予了景区灵气和神韵，连绵的山拱围着碧绿的水，碧绿的水倒映着连绵的山，空中云雾迷蒙，山间绿树红花，荡舟于嘉陵江之上，让你感到像是走进了连绵不断的画卷中，真是"舟行碧波上，人在画中游"，那俗世的纷扰皆离你远去了。

【积厚流广　康养胜地】

"四面有山皆入画，一年无日不看花"，用这两句诗来形容田河的山水风景，一点也不为过。由于特殊的气候条件和自然环境，这里有全国十分罕见的古银杏树群落和著名的"三滩"风景区，如今基础设施建设的全面发力让田河的山水美景不再是"养在深闺人未识"，绿水青山切切实实变成了金山银山！

近年来，嘉陵镇依托千年银杏群落，全方位打造生态旅游新农村，通过深度挖掘乡村文化内涵，大力改善村庄基础设施，村庄内树木环绕、曲径通幽、户户白墙黛瓦、绿树成荫，环境清幽雅致，成为群众亲近自然、休闲养生的好去处。同时，积极开发打造银杏展示园、银杏文化馆、嘉陵江漂流等旅游资源，大力发展"银杏人家"生态旅游和中医药养生旅游。累计打造和升级改造了集住宿、餐饮、养生、休闲为一体的农家小院15户，建成精品银杏展示园3278平方米，发展银杏育苗、苗木培育1600余亩，形成了赏银杏景、吃银杏果、喝银杏茶、体验银杏人家风情的良好生态旅游发展局面。截至目前，全村年接待游客8万人，创旅游收入800万元，人均增收800元。

下一步，田河村将以乡村振兴为抓手，继续加大基础设施建设力度，按照保护自然资源、挖掘人文资源、发扬民俗文化的发展思路，开发民俗风情、餐饮游乐、农家小院、自然生态等特色资源，不断延长产业链条，加大银杏酒、银杏胶囊、银杏茶等产品的研发和宣传力度，让田河村真正成为嘉陵江畔闻名遐迩的旅游精品村。

靠山吃山，靠水吃水。田河村将良好的生态环境和珍稀的千年银杏打造成一张张"金字招牌"，美丽乡村建设的生态之美、产业之美、人文之美焕发出多彩魅力，一幅产业兴旺、宜居宜游的美丽乡村画卷，正在这片充满希望的村落徐徐展开。

三泉村：古韵青泥　花映三泉

山相拥、水环抱，宛若明珠光芒耀。齐努力、共打造，勤劳铺起康庄道。歌声起、人欢笑，三泉新村展新貌。

三泉村位于徽县大河店镇东北部，村内因有青龙泉、白马泉、葫芦泉"三眼神泉"而得名。这里青山悠然、碧水涟漪，人文荟萃、民风淳朴。独特的地理位置孕育了清泉、草甸、险峰、曲径等唯美曼妙的自然景观，悠久的人文历史传承着千年青泥古道的悠悠遗风，回响着仙人关大捷的擂擂战鼓声，静默而不失灵动、清雅而不失厚重。

【青泥古道　英雄战场】

三泉生态旅游景区核心区域三泉村，距徽县城区22千米。境内有青泥岭主峰铁山，自古文人墨客留下众多诗篇，最有代表

三泉村游客接待中心

三泉村一角

三泉村一角

性的便是诗仙李白的《蜀道难》;这里还是南宋抗金名将吴玠、吴璘率领吴家军以少胜多的著名战役"仙人关大捷"古战场的所在地。

1134年2月,金朝元帅完颜宗弼(又作兀术,金朝名将)调集骑兵10万余人,由凤翔经宝鸡、大散关,沿陈仓道南下,攻占南宋的凤州(今凤县北10千米)、河池(今甘肃徽县)等地,进兵仙人关。金军先占据了杀金坪东面的高岭,依仗十几万的军力、重甲铁浮屠和强大的攻击力乘势进攻宋营。吴玠命部卒强弓硬弩地迎击,金兵死伤众多。翌日,金兵猛攻宋军营垒,吴玠命部下发射床弩炮打碎洞子,用撞竿撞倒云梯,并命杨政等人率领长枪防刀手深入金兵阵中刺杀,再一次击退了金军。输红了眼的金军发动了更加猛烈的进攻,两路夹攻宋军,突入宋军的第一道防线,宋军只好被迫退守第二隘。金军对杀金坪第二道关隘发动了猛烈的进攻,吴玠亲督士卒,利用有利地形,居高临下,充分发挥弓坚箭利的特长,用神臂弩轮番猛射,金兵死伤惨重。三月初一,金军又集

三泉村全貌

中兵力猛攻宋营西北城楼，战斗十分激烈，到了晚上，吴玠命宋军于仙人关四周山上各处举火、擂鼓，惊扰金兵。接着吴玠诸将分别多次攻入金兵营寨。金兵惊溃，被杀万余人，完颜宗弼连夜拔营退走。吴玠趁势追击，扩大战果。三月初二，金军企图改道由七防关（今康县境内）、白水关（今徽县西南）入川，吴玠又暗遣精兵迂回至金军寨后，袭破其大寨，金军死伤万余，连夜遁走。

从历史的记载来看，"仙人关战役"是青泥岭下影响最大、战斗最惨烈，并有着重大历史意义的一场战役，这场战役在军事史上创造了教科书般的典范战例，给金军妄图侵掠四川的企图以极大打击，宋军在同年四月趁势收复凤、秦、陇三州。金军也退到凤翔一带，不敢再轻举妄动。

【三眼神泉　相映生辉】

仰首望青泥，俯身映三泉。葫芦泉、青龙泉、白马泉，这"三眼神泉"清洌甘甜、灵动生气，既承载了这一方百姓的生息繁衍，也成为整个三泉村的文化烙印。如此独具气质的历史文化资源，在这里如散落的明珠，俯拾即是。

葫芦泉——传说张果老在三泉，看见一女儿没钱给母亲治眼睛而伤心不已，于是他从葫芦里取了一颗仙丹变成一眼清泉，用泉水治好了老奶奶的眼睛，后人便把这泉水叫作葫芦泉；青龙泉——村里有个"兴隆泉"，一个和尚来到此地，在这泉水里看到有一条小龙在嬉戏，他才知道这里是修行的绝佳地方，于是便建了一座寺庙来修行，最后做了神仙，后人为了纪念这个故事，将这泉起名叫作青龙泉；白马泉——南宋时期，吴玠在此抵抗金兵，有一段时间，天气干旱，吴将军便来村里寻找水源，可是找了好久都没有找到，忽然，他的宝马在一处土坑里奋力刨土，不一会便有泉水冒出，将军为了感谢他的宝马，就将此泉起名为白马泉。

历史悠久，文华物宝，人杰地灵。多年来，三泉村充分挖掘人文历史民间传说、传奇故事等文化资源，符号化、景观化融入"山美、水美、村美、房美、路美、人美"的美丽乡村建设中,保护性地修缮了清代民居罗家大院、艺术性地打造了莲花台、青泥古道大门、"蜀道诗韵"广场等,这些成为美丽乡村建设的点睛之笔,与青山绿水相得益彰、相映生辉。如今,清新别致的特色小亭,各式各样的古农用器具,农耕文化长廊、非物质文化遗产长廊、风车广场等,让这里望得见山、看得见水,留得住乡愁,为游人体验农业观光、休闲度假提供了好去处。

【美丽新村　花海田园】

在美丽乡村建设中,三泉村提出了"尊重自然、依山就势,打造青泥蜀道璀璨明珠"的建设路径,坚持改善基础条件、加强环境整治,因地制宜发展乡村旅游,通过项目投资,在三泉村种植了红枫、海棠、丽桃、菊花桃、桂花、月季、木槿等30多个品种120多亩草本花卉;利用园艺手法,搭配乔木、灌木、草本花卉,打造了三季有花的花海景观。

美丽乡村催生了美丽经济,三泉村通过"乡村旅游＋公司＋合作社＋农户"模式,按照"一寺"(龙泉寺)、"二廊"(农耕文化长廊、非物质文化遗产长廊)、"三泉"(青龙泉、白马泉、葫芦泉)、"十区"(蔬菜种植、瓜果采摘、农耕体验、花卉生产观光、垂钓、野营烧烤、自助柴火灶、童年记趣儿童游乐场、激情嬉水乐园、萌宠乐园)规划,积极打造集循环农业、创意农业、观光农业、农事体验于一体的"山水田园、花映三泉"田园综合体,建成了"花映三泉"国家3A级景区。

环境好了,乡村美了,游客多了,连续九年举办的"花映三泉·古韵青泥"乡村文化旅游节,吸引了县内及周边游客12万余人,村民的收入也大大提高。附近许多群众在园内长期务工,日工资80~100元不等,工资按月发放,带动就业人数60多人;群众土地流转收入23万元,务工收入60多万元,农家乐收入40多万元,小吃摊位收入20多万元,户均年增收6900元。

依山兴长业，傍水筑新园。实现华丽蝶变的三泉村，正以俏丽的风姿、厚重的文化、广博的胸怀、开放的姿态，带着青泥古道的遗风，携着奇山秀水的灵动，捧起五色花海的热情，邀您共享诗意家园、美丽新村。

第七章　西和县

宁家村：仰韶之光　绽放芳华

西和县长道镇宁家村因风光秀美、历史悠久、文化底蕴深厚而誉满陇原。早在6000年前，中华民族的先祖就在这里繁衍生息，这里是新石器和仰韶文化的发祥地之一；这里是一片希望的土地，她生机勃发，活力张扬，宁家儿女始终以智慧和坚韧在建设着这片充满希望的家园，谱写着一曲曲人与自然的和谐乐章。

宁家村一角　　　　史前文化遗址

宁家村广场

2021年，长道镇被列为市级乡村振兴示范镇。2022年，宁家村被列为全县省级乡村振兴示范村之一，以基层党建为统领、以产业培育为核心、以历史人文为特色、以生态宜居为重点，高标准推进乡村振兴工程建设,力争把宁家村建设成为"产业兴、乡村美、文化活、治理好、群众富"的示范村,示范带动大柳河流域乡村振兴建设。

【仰韶文化古村落】

宁家村,位于西和县北端西汉水与大柳河交汇的三角地带的台地上,与名扬中外的大堡子山、祁山隔水相望,是西和县的"北大门"。全村辖4个村民小组223户947人,耕地面积2142亩,人均2.3亩。

宁家,川源平旷,土地肥沃,气候温润,在多山的陇南,给人独具一格的印象。优越的自然禀赋,比较适合人类的生存与发展。直到现在,宁家村地面及断崖上,随处可见暴露的灰尘、红烧土、陶片等,历史上也常有仰韶文化时石器、红陶、黑陶器文物出土。经专家考证,该地区是陇南境内迄今发现的最早人类遗迹,也是甘肃省人民政府公布的省级文物保护单位。

宁家村全貌

1981年，宁家庄遗址出土了花瓣纹椭圆形彩陶器，属于仰韶文化中期。高7.6厘米，大口1.9厘米、小口1.3厘米，最大腹径12.6厘米。造型奇特别致，有学者认为是氏族首领的权杖头。宁家庄权杖头的出土，说明西和、礼县一带，是中国古代最早接受并传播东西方文化的前沿地带。宁家庄出土的权杖头体积之大，国内绝无仅有。特别是彩陶材质的权杖头弥足珍贵。经省文物局组织专家评估，确定宁家庄出土的这枚彩陶权杖头为国家一级文物。20世纪90年代，甘肃省博物馆携这枚彩陶权杖头多次赴国外展出。这枚彩陶权杖头后长期陈列于甘肃省博物馆，向前来观赏的中外观众，无声地讲述着中西文化交流的历史，诉说着甘肃悠久的历史文化。

【生态美丽新农村】

在宁家村穿行，天空如洗，阳光下的小村依山傍水，静谧祥和。脚踏青石杂陈、高低不平的村路，迎着习习山风，看历经岁月沧桑的古槐，清流依旧的古井，错落有致的古宅，充满岁月印记的石磨、石碾、石臼、石桌、石凳，耳边时而传来牛铃脆响、鸡鸣犬吠……整个村庄"一步一景"，村道和小巷干净整洁，排水设施齐全，村文化广场上老人们打牌聊天，村容村貌干净整洁，俨然一副现代化生态宜居新村落的样貌。

宁家村的真正蜕变，始于美丽乡村建设。在实施美丽乡村建设的过程中，宁家村抢抓长道镇示范镇村建设的历史机遇，以打造"省级乡村振兴示范村"为目标，以夯实产业基础，实现文旅融合发展为着力点。实施了村民服务中心改造、村内道路硬化、小巷路面硬化、部分公共区域升级、排水渠、笤帚加工厂和村史馆等基础设施项目建设，村容村貌和群众的生产生活条件发生了巨大变化。

与此同时，宁家村充分发掘村里古老的历史文化，对没有历史保护价值的危旧房进行拆除，对具有历史文化的古院、古树进行考证并挂牌标识，尽量保持乡村建筑原貌，修复保留老房子、古墙壁等物件，修旧如旧，最大限度保留了古村原有的形态和格局，展现出浓厚的历史风貌，复活了乡村记忆。宁家村还通过开展"最美家庭""新风标兵""好婆婆""好儿媳"评选表彰等精神文明创建活动，文明之风在村里盛行，为全面乡村振兴提供了动力支撑。

【产业赋能后劲足】

对宁家村而言，美丽乡村建设就是对过去的回眸、对现在的雕琢、对未来的希冀，这里沉淀着历史的尘埃，流动着现代农村发展的新趋势。

产业兴、乡村美、文化活、治理好、群众富。宁家村推进省级乡村振兴示范村建设以来，示范带动大柳河整流域乡村振兴建设。通过"党支部＋合作社＋农户"方式，规模化发展笤帚加工，打造"宁家笤帚"品牌，由村级股份经济合作社牵头，建设笤帚加工厂1处，整合全村160户笤帚加工作坊向组织化、规模化发展，年加工5.5万把，产值约65万元，让群众不出村就能增收。2021年全村农民人均可支配收入12800元，2021年度已脱贫户、边缘易致贫户和脱贫不稳定户人均收入14700元。

2022年以来，全村努力打好"苹果＋劳务＋笤帚加工"产业发展组合拳，以"延续—整合—提升"为方向的产业发展总体思路，整合土地、文化、地理区位优势、传统农耕特色资源，提升党支部的引导能力，提升产品的规模和效益，提升群众的生活水平。以高接换优和精细化管理为重点，促进1400亩苹果产业提质增效，高标准建设200亩矮砧密植苹果示范园，全村年产苹果约1100吨，产值约250余万元。目前，全村已形成"林果种植＋笤帚加工＋劳务输转"的多元化产业体系，促进群众增收产业提质增效。

立足"文旅康养示范村"的定位，充分挖掘村里的仰韶文化遗存，建设仰韶文化展示体验区，修缮保护宁家庄遗址，建成并投用村史馆，大力发展乡村文化旅游业，为宁家村乡村振兴聚集人气，增添厚重的历史人文色彩。截至目前，宁家村依托苹果采摘园、观光园、体验园和仰韶文化展示园建设，打造集采摘、观光、休闲、体验为一体的20亩采摘观光农业示范园（连栋温棚）、儿童乐园、生态鱼塘休闲园。

"绿树村边舍,青山郭外斜,开轩面场圃,把酒话桑麻"。这首五言小诗,是我们多少人,多少年来对农家安居乐业生活的无限向往与憧憬,而今,为了实现中国梦,宁家人民正迈着矫健的步伐,踏着沧桑巨变的足迹,走向一个又一个收获成熟与喜悦的季节,描绘出一幅幅美好的诗画田园的图卷。

鱼洞村:千年仇池　肇始振兴

一折青山一峰翠,一弯山泉泽被兴;清泉一曲抱村流,鱼洞乡村事事幽……一幅饱含诗情画意的美丽乡村画卷,在西和县大桥镇鱼洞村徐徐展开。

鱼洞村位于西和县城南部,距县城50千米,东邻西高山乡,北接洛峪镇,西部与蒿林乡接壤,南部与太石河相邻,被誉为西和县的"小江南"。

景色秀丽、人杰地灵,造就了这片土地的多彩身姿;峰峦叠嶂、厚德载物,镌刻了这片土地的隽永品格;沟壑交错、生机勃发,咏唱着这片土地的激扬旋律,一座宜居、宜产、宜游的魅力鱼洞正在砥砺奋进。

【青绿千载　山河无垠】

流连鱼洞,是仇池山奇秀汇聚的沧桑,是"神鱼洞"鱼儿触手来的灵气,是铁山烟雨繁花缭绕的曼妙,是老磨坊水车缓缓低吟的古韵,还是农家小院"晨见家燕、夜闻蛙声"的逸然……

仇池山海拔1793米,西汉水由西北绕山脚南下,洛峪河从东南沿山麓汇入西汉水,二水汇流山下,形成三面环水,一面衔山的天险胜境。过去上仇池山,路若羊肠,有二十四隘、三十六盘。氐人首领杨氏以仇池山一带为根据地,在甘、陕、川交界地带立仇池国,长达385年。

峡谷幽深,奇峰竞秀;嵯峨绝险,森林茂密;悬崖峭壁,引人入胜。著名胜迹有伏羲仙崖、石勺奇潭、金龙滚珠、八仙上寿、麻崖古洞、东水无根、洞涌神鱼、小有洞天八大景观,构成了仇池山"峰、泉、云、洞、石"五绝的特有美景。山顶平田沃土,树木葱茏,鸡鸣狗吠,屋舍俨然,宛如桃源胜境，曾吸引无数古代豪杰据以图强，争雄天下。在栈道孔遗址附近，神鱼洞如今已然可见，每逢清明节前后，总有神鱼游出洞口，经水产专家鉴定，此神鱼为生活于长江上游的白唇裂腹鱼。鱼洞村因"神鱼洞"而得名，在太石河沿岸的田园中，有清道光三十年（1850）立的"历代懿行碑"，记载着鱼洞村村民先祖们的善行善举。

仇池山有伏羲文化、仇池国文化、氐羌民俗文化和宗教文化，吸引了杜甫、苏东坡等历代诗人学士慕名至此，写下了无数脍炙人口的不朽诗篇。杜甫《秦州杂诗》之十四曰："万古仇池穴，潜通小有天。神鱼人不见，福地语真传。近接西南境，长怀十九泉。何时一茅屋，送老白云边。"苏东坡有《双石》《仇池石》《和陶读山海经》《见和仇池》《壶中九华诗》等多首诗抒写向往仇池的情思，高度颂扬仇池的美好，又将其一笔记名之为《仇池笔记》。当代著名作家、《高山下的花环》作者李存葆先生著文《梦幻仇池山》，曾写道："昨天的痛楚需要反思，未来的憧憬需要安排。从这个意义上说，仇池山一带的青山绿水，仍是今人可以贮存梦幻，使心灵得以小憩的胜地。"

【物华天宝　神奇热土】

悠悠仇池山，涓涓西汉水。走在山间小道，漫步西汉水畔，情不自禁赞叹上苍造物之奇绝万象，鱼洞村的四季，天人相应，物候相通。

当沉睡了一冬的大地逐渐苏醒，仇池山松柏上的寒雪还没有融化，而西汉水畔的人们已经下地劳作。一场春雨把山水洗涤得越发洁净明媚，青岗岭上的花椒逐渐抽芽，椒农们开始了剪枝、修枝、压枝等管护。槐花开的时候，养蜂人开始为一年的收成忙碌，紧接着田野上的樱桃花、桃花、杏花、梨花也都开了。到了春末，颗颗挂满娇果的樱桃树无限娇美，迷醉朦胧中，那色泽红艳光洁、玲珑如玛瑙宝石的樱桃接连上市，酸酸甜甜的清凉沁人心田。

夏天来了，庄稼葳蕤，果实香甜。各种蔬菜瓜果成为盘中餐，半山的花椒也开始红了，看在眼里，暖在心间。随着小麦、油菜、核桃相继丰收，乡亲们日夜在田间地头争分夺秒，从早到晚连干十几个小时，似乎有着使不完的劲儿，干完了就踏实了，踏实了生活就有了盼头。

"一年好景君须记，最是橙黄橘绿时。"金灿灿的梨子、红彤彤的苹果，柿树的叶子慢慢由绿变红、由红变黄，青绿色的柿子也被秋风染成了金色。漫山的沟沟壑壑间，一棵棵树上挂满了似火炬、似灯笼的果实。秋风吹来，熟透的果子随风飘动，送来一阵阵诱人的果香，乡亲们忙着采摘果实，放在包装箱里，装上汽车，或是走亲访友，或是运往县城售卖，和远方的人们一起分享丰收的喜悦。

鱼洞村外景

樱桃产业

仇池山

冬天下雪了，山顶全白了，像是给蓝天镶上了银边，远处山上的雪松越发青绿，树尖上顶着一溜儿白，倒是多了几分俏皮。在一片欢声笑语中迎来新的一年，人间灯火在冬夜里跳动着，描绘成乡村最美丽的夜晚，在人们的眼里，从这里仿佛能看到美好的来年。

【破局出圈　振兴起势】

如今，走进鱼洞村，一幅产业兴旺、生态宜居、乡风文明、治理有效、生活富裕的秀美乡村画卷正在徐徐展开。

鱼洞村全貌

党建引领激活乡村振兴新动能。鱼洞村充分发挥党支部及党员干部的带头作用，抓班子、带队伍，实现党组织书记、主任"一肩挑"，储备村级后备力量，凝心聚力干事创业。充分发挥基层党组织的战斗堡垒和党员的先锋模范作用，以提升组织力为重点，完善村、组网格化综合服务模式，实施专业合作社党建工作机制，采取"支部+合作社+农户"共建模式，鼓励农户入社发展特色产业，通过盘活集体资源、发展特色种养、经营典型项目等渠道发展壮大村级集体经济。目前，村内有合作社2个，带贫6户26人，全年配股分红资金4800元，每户800元。

农旅融合激发乡村振兴新活力。乡村振兴，产业兴旺是关键。在实施"乡村振兴"战略中，大桥镇依托其良好的生态环境，充分发挥作为西和"南大门"的区位优势和仇池山旅游资源优势，完善全镇旅游总体规划，进一步开发利用、优化整合旅游资源，全面做大做强乡村旅游产业。围绕"一村一品"特色品牌，充分发挥种业科研基地的辐射带动作用，推动现代农业发展。依托现有资源条件和产业基础，精心打造"一村一品"，推动花椒、大樱桃、冷水鱼等产业提质增效，加快市场营销和品牌培育。全村种植花椒966亩，种植户291户，平均每户3.32亩，花椒种植户占全村总户数的93.6%，全年总产值约202.9万元，每亩净收入2100元；种植樱桃454亩，种植户185户，全年总产值约86.3万元，每亩净收入1900元。

乡风文明焕发乡村振兴新气象。美丽乡村既要美在环境，也要美在人心。鱼洞村把培育文明乡风作为美丽乡村建设的重要内容，积极推动公共服务向农村拓展、文明创建向农村延伸，不但在村庄美化等"面子"上下功夫，更在提升乡风文明等"里子"上费心思，使美丽乡村建设与村民素质提升相得益彰，开展"文明家庭""五星级文明户""好公婆""好媳妇"评选活动，不断增强群众的获得感、幸福感。

生态和产业"双增值"、就业和收入"双提高"、物质和精神"双促进"，在鱼洞村，发展成果惠及了更多农民群众，面向未来，鱼洞继续笃定前行！

谢庄村：邂逅晚霞　乡遇乞巧

她没有都市的繁华与喧嚣，也没有现代生活的华贵与时尚，但她有与大自然和谐相处的纯真与朴素，还有老祖宗们代代相传的历史与文化……

她就是"中国乞巧文化之乡"——西和县姜席镇谢庄村，与风景名胜地晚霞湖相邻，依山傍水、人文厚重、环境幽雅，有着悠久的历史传统习俗和深厚的文化底蕴。

【湖光山色醉人间】

谢庄村位于镇政府以东约5千米处，距西和县城5千米，年平均气温7.5摄氏度，平均降雨量450毫米，全年无霜期170天每年。全村辖3个村民小组,总人口191户898人,村内现有耕地面积955亩,人均占有耕地1.4亩。

车子行驶在谢庄村的村组公路上,进入眼帘的是一幅自然恬静的田园画卷。只见山环水绕,山水相依,民舍点缀其间,将村色装扮得格外艳丽。一座座小洋楼因势而建,相互依偎,相互簇拥,或连成排,抑或串成线,与近处的湖光山色相映成趣、相互辉映。而湖畔村边百亩的生态芦苇荡更是景致幽美,芦花随风飘摇,野鸭成群结队。

晚霞湖是陇南市十大重点旅游景点之一,属长江流域,嘉陵江水系,西汉水流域、漾水河支流的姜席河下游,水即郦道元《水经注·漾水》所称的建安水。晚霞湖原名晚家峡水库,始建于1960年,原系防洪蓄水、灌溉养鱼的综合性水库。水库库容现为1035万立方米,水域面积1800亩。该水库是目前陇东南地区最大的水库,也是甘肃著名的高山水库,碧波荡

乞巧手工坊 　　　　　　　　　　乞巧姑娘

4A级景区晚霞湖

漾,水色秀丽,风光旖旎,美不胜收,集休闲、度假、观光、游玩于一体。2008年,晚霞湖水利风景区经中华人民共和国水利部水利风景区评审委员会批准,成为"国家水利风景区"。现已被评为国家4A级旅游景区。

晚霞湖"春有青、夏有花、秋有果、冬有绿,四季有景":景区群山环抱、苍翠起伏,湖中鱼游虾戏、莺歌燕舞,湿地芦荡丛生、群鸟集翔。湖边有著名雕塑家何鄂女士所作的"巧娘娘"雕像,以展示乞巧文化的劳动和爱情主题。荡舟湖上,可领略湖光山色;坐在凉亭中,可近享童叟嬉乐。健身广场、休闲步道老少皆宜,园林绿化、灯光照明设施样样齐全。老人们在此下棋、看书,度过悠闲愉悦的时光;年轻人闲暇之余,邀上三五好友,漫步林间小道,感受农村公园的优雅情调。

谢庄村全貌

【乞巧歌谣传千年】

蒹葭苍苍,廊桥旁脚踩着盈盈绿水;夕阳西下,彩霞染红了承载已久的女儿梦。千百年来,这片湖光山色,演绎着一段段关于乞巧的故事。在多情的土地上,乞巧姑娘们赏花戏水、吟诗作赋、载歌载舞、拜巧娘娘,尽情地畅享着乞巧带来的欢娱。如梦如幻,晚霞湖有一段多情的故事……

一年一度的西和乞巧民俗让晚霞湖锦上添花、流光溢彩，誉满华夏，这里成了千百乞巧姑娘歌舞和比试青春风采的露天大舞台。西和乞巧风俗，被称为中国古代乞巧风俗的活化石，是独由女性参与欢度祈福的节日。每年农历六月三十晚至七月初七，西和礼县一带都会举行规模盛大、持续时间为七天八夜的乞巧民俗活动，为世人所罕见。整个乞巧过程分为坐巧、迎巧、祭巧、拜巧、娱巧、卜巧、送巧七个环节。

经过多年打造，晚霞湖已经借助乞巧文化享誉全国，受到广大游客和各级专家的普遍好评，在以本省游客为主的基础上，全国各地游客也纷纷慕名而来。经调查，跨省游客已占游客总数比例的15%以上。"陇上水乡，乞巧福地"主题已受到广大游客的普遍认可和赞誉，随着乞巧民俗申遗成功，晚霞湖景区以其独有的魅力吸引着四海宾朋。

晚霞湖景区拥有丰富的自然资源和浑厚的民俗文化底蕴，开发的旅游产品有6大类，30余品种，包括奇石、根雕、草编、柳编、麻纸、草鞋、绣花枕、绣花鞋垫、刺绣、荷包、仇池金印以及织女瓷像等。地方特产有优质花椒、核桃、醪糟、挂面、粉条、山野菜等无公害绿色食品。

通过不断提升晚霞湖景区基础设施建设和服务质量档次，强化宣传推介，扩大旅游客源市场，景区知名度和影响力显著提高，旅客接待量和旅游综合收入逐年攀升。当地旅游的快速发展明显地带动了地方经济，带领了当地群众发家致富。

【砥砺奋进新征程】

谢庄村内村庄建筑布局整齐，依托晚霞湖景区改造提升项目和脱贫攻坚等项目，基础设施建设得到全面完善和提升，旅游设施及旅游节点特色鲜明，村容村貌干净整洁。近年来，在上级政策和资金的扶持下，谢庄村依托得天独厚的自然禀赋和区位优势，抢抓发展机遇，积极推进美丽乡村建设，在旅游振兴、经济发展、文明创建等诸多领域都走在了全镇全县前列，2018年被评为省级文明村。

谢庄村认真贯彻县乡党委、政府"文旅融合"的发展思路，坚持"颜值"与"灵魂"并举，依托晚霞湖旅游景区旅游资源，深入挖掘乞巧民俗文化内涵底蕴，大力宣传推介地方美食和特色民俗产品，文化领域亮点纷呈，旅游产业欣欣向荣，村内现已打造乞巧文化民俗馆1处，精心扶持发展农家乐8家、小吃摊6家，全年共计营业收入104万元。越来越多的县内外游客前来谢庄村旅游观光，"陇上水乡、乞巧福地"已得到广大游客的高度认可，开发的绣枕、草编等系列旅游产品深受群众喜爱，"看得见山、望得见水、记得住乡愁"已成为越来越多人的乡村记忆。

乡村要发展，产业是关键。谢庄村立足产业振兴，举全村之力、集全村之智推动农业产业提质增效、转型升级。2021年，按照镇党委、政府"一主多辅"产业发展思路，特色产业遍地开花，村内集中连片种植万寿菊350亩、半夏中药材200亩、核桃156亩，以及马铃薯、玉米、小麦等传统作物1000亩，有效吸纳并带动周边群众实现就地就近就业，共计收入248万元。切实发挥了致富"金钥匙"的作用，持续扮靓了村容村貌，为乡村振兴和文化旅游夯实了基础。

绿水青山就是金山银山。如今，谢庄村的产业发展布局得到了科学优化，农业产业实现了高质量发展，谢庄村正在为乡村振兴砥砺奋进，为把乡村建得宜居宜业、农民富裕富足而努力。相信随着乡村振兴的推进，农业强、农村美、农民富将会在这个村庄全面实现。

稍峪村：传承乞巧　　开拓振兴

稍峪是唯美的，美在山奇水秀。云华山上，碧水丹霞映入眼帘，看一幅山水画卷，走一趟人间仙境，是一个来了就不想走，走了还想来的地方。

稍峪又是厚重的，重在历史人文。是西和乞巧发源、演变、传承的重要发祥地之一，秦始皇出巡陇西、北地二郡，登塔子山祭祀天地、祖陵。

近年来，随着美丽乡村建设的深入推进，西和县稍峪镇稍峪村紧紧围绕"党建立村、产业富村、改造靓村、生态美村、旅游兴村"的发展思路，外修生态，内修人文，努力打造集观光、民俗、产业为一体的旅游示范村，大力发展草编、中药材、花椒、核桃等特色产业，实现乡村振兴转型跨越式发展。

【风光旖旎"丹霞景"】

稍峪村地处西北徽成盆地山区，距县城17千米，海拔1400米，气候温和，土质以山地褐土为主，全村辖5个村民小组，259户1139人。

近年来，稍峪村依托独特的丹霞地貌自然资源优势，全力打造美丽乡村示范点，村容村貌焕然一新，乡村旅游日益火爆。该村按照政府主导、村民主体、部门联动、合力共建的思路打造美丽乡村示范点，先后进行住房改造、河道整治、沿河风光带打造、厕所革命等基础设施建设，绘就了一幅"布局美""环境美""产业美""生活美"的乡村画卷，先后获评"全省乡村建设行动示范村""甘肃省级卫生村""陇南市级卫生村"等。

草编产业

稍峪村广场

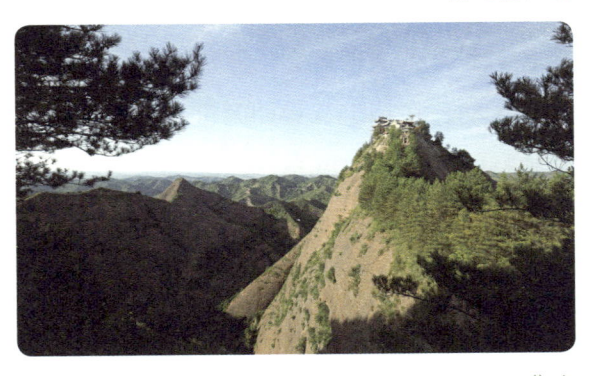

云华山

稍峪村毗邻云华山景区,丹霞地貌与村庄、田园、公路构成一幅美丽的乡村画卷,从高空视角俯瞰,绝美震撼。全境以红色砂砾岩层覆盖,沟、垅、坦密布,山峰突兀,奇形怪状;沟壑相连,水塘众多,星罗棋布。云华山因其山形如圭,旧称圭山,每有皓月临空,万籁静寂,气象宏远,有"圭峰秋月"之胜景。登上山顶,那刀削般的悬崖拔地而起,上顶云天,危峰兀立,令人望而生畏。远远地望去,那悬崖是那么高,那么陡,好像是被人用巨斧劈峭过似的。走近些,只见云雾缭绕,犹如一把利剑,耸立在云海之间,令人感慨万千。境内还流传着秦皇祭祖、玄武大帝等古老传说,给神奇的稍峪村增添了几分神秘色彩。

走进稍峪村,像是进入了一本安静的文艺书籍世界里。风中的绿树沙沙轻响,小池里水面荡起微波,一栋栋错落有致的小楼格外吸引眼球。村落里休闲步道、休闲广场一应俱全。沿着步道行走能不时看见村民在自家花园里浇花,还能到广场上散步聊天或到活动室免费开放的公共读书区看一本好书,好一派欣欣向荣、悠然自得的景象。

【多彩民俗"活起来"】

独特的地理风貌孕育了多样的风土人情,稍峪村有深厚的人文底蕴、悠久的人文历史,这里是西和乞巧发源、演变、传承的重要发祥地之一,村内民间乞巧活动氛围浓厚,每年自发组织3支以上的乞巧队伍,乞巧传统程式完备,在全县拥有良好的声誉;这里有传统民俗羊皮扇鼓舞,是当地最隆重、最神圣的传统氐羌遗风祭祀歌舞,主要用于庙会、祈雨、祭祖、祛邪等;这里有影子腔皮影戏、秦腔木偶戏、戏曲、山歌等传统民俗文化活动,在特定节日期间进行会演……悠久的历史,灿烂的文化,形成了独特的稍峪乡情风光。

"一根绳,两根绳,我把巧娘娘接进门……"这是稍峪村乞巧队在举行迎巧仪式时的唱词。乞巧文化是中国丰厚文化资源丛中的一朵奇葩,是起源并流传于陇南西汉水流域的秦人遗风,从每年农历七月初一前夜开始,到七月初七晚上结束,历经七天八夜,姑娘们以虔诚的心情、隆重的仪式，祈求"巧娘娘"赐予聪慧、灵巧和如愿配婚、生活幸福美满。其活动传承之久远、唱词之淳朴、歌舞之精彩、情感之真挚、程式之完整、人数之众多，在国内绝无仅有，是中国古代乞巧民俗的"活化石"，是名副其实的"中国女儿节"。

源远流长的乞巧文化，已成为稍峪村一张独具魅力的文化名片。悠久的历史形成了深邃厚重的文化积淀，使稍峪积累了一大批丰富的文化艺术遗产，乞巧、山歌、春倌、羊皮扇鼓舞、皮影戏等民俗文化活动，乡土气息浓郁，地方特色鲜明，传承多年，久盛不衰。有专家认为，稍峪作为秦文化和周文化的交汇之处，文化的交融与碰撞更多一些，它是星辰崇拜和祖先崇拜的结合，得以保存至今。

【巧手撑起"半边天"】

一走进稍峪村草编扶贫车间，一排排做工精细的手工车枕、蒲团、地垫，以及形式多样的精美小挂件吸引了人们的目光。稍峪草编作为陇南知名的"非遗"项目，在"巧妹子"的带领下走出了一条"传承+致富"的新路子。

在稍峪村，村民深受乞巧文化影响，每个妇女都有一双巧手，祖辈们以草编技艺为生，呈现"十里稍峪无闲女，家家都有草编人"的兴旺景象。为了更好地把稍峪草编传承下去并且发扬光大，2016年村上开办了"巧妹子草编合作社"，吸纳周边多个村子的200余名妇女参加草编品编织工作，并在2020年5月建成了稍峪草编扶贫车间。扶贫车间对愿意工作的妇女进行培训后，会无偿为她们提供柳叶和玉米叶，拿到原材料后，在统一产品标准的前提下，通过以车间生产加工为主、居家自行编织为辅的灵活生产方式，实现了留守妇女"顾家、挣钱、尽孝"三不误，极大地提高了参与制作草编产品的积极性，不出村、不出户，通过勤劳双手增收致富。目前，该村的草编产品每年可实现销售额150万元以上，为务工的留守妇女带来人均5000元以上的年收入。

在发展种草编产业的同时，稍峪村因势利导加快产业结构调整，按照"以短养长、长短结合"的发展思路，通过政府引导、市场主导、示范带动，以规模化种植基地为核心，采取"党建+企业+合作社+基地+农户"的发展模式，大力发展特色种植养殖产业，山顶种植中药材，山腰开发田园综合体，山下发展草编产业，为乡村振兴奠定了坚实基础。2021年稍峪村有农民种植养殖合作社4家，全村共种植半夏140多亩、柴胡115亩、冬花140多亩、黄芪100余亩、高山油菜310亩、花椒80余亩、核桃280亩；养殖生猪、牛、羊、鸡等牲畜共3300多只(头)。

山上有美景，景中有产业。稍峪丹霞神奇、民风淳朴、产业多元，仿佛是深山中的世外桃源，默默期待着世人的探索和赞美。未来，稍峪村将继续乘着乡村振兴的东风，探索振兴之路，重塑古村新颜，描绘"产业兴旺百姓富、生态宜居乡村美"的幸福画卷。

稍峪村全貌

第八章

礼县

同心村：秦皇湖畔　圆梦小康

山清，呈一抹浓烈；水秀，显一分清雅。

秦皇湖宽阔清澈、烟波浩渺，两岸山峦起伏、绿树掩映，村头巷尾闲适恬静、非常惬意……走进礼县红河镇同心村，所见之景，所到之处，处处皆景，令人沉醉。

近年来，红河镇按照"产业兴旺、生态宜居、乡风文明、治理有效、生活富裕"的总要求，统筹生产、生态、生活一体布局，充分拓展农业多种功能、挖掘乡村多元价值，推进农村一二三产业融合发展，重点发展农产品加工、乡村休闲旅游等乡村产业，着力把红河村打造成为现代农业集聚区、乡村旅游新高地、秦文化传承区、生态宜居新家园。

【秦皇湖畔　康养胜地】

同心村位于国家3A级景区秦皇湖上游，距镇政府所在地1.5千米，是红河镇所辖行政村中较大的村，全村有7个村民小组，444户1873人。交通便利，植被茂密，山川秀美，客流量较大，旅游集中效应极佳，由六图、八图、岳家庄、费家庄、石家窑五个自然村组成。

秦皇湖的前身为始建于1958年的红河水库，是一座集蓄洪、灌溉、水产养殖等功能于一体的综合性中型水库，库容量达1200多万立方米。为了促进当地旅游业的发展，2003年除险加固工程竣工后，有关部门将其更名为红河湖。现又更名为秦皇湖，是礼县著名的风景区。秦皇湖两岸青山相对，春天，南岸的黑龙岭树木掩映，雄浑苍翠；北岸的桃花山夭桃灼灼，红杏吐艳，蔚为可观；衔接大坝的茅庐山小巧玲珑，乍如探出水面的鼋头，迟缓地在水中游动。山坡上古松斜矗，香花丛丛，微风拂来，暗香浮动；山顶有彩绘凉亭，晨接晓晖，晚栖落霞，置身亭内，红河大地的绿水青山尽收眼底，令人心旷神怡；泄洪闸口每至泄洪时，飞瀑湍流，气势磅礴，蔚为壮观。

秦皇湖景区还位于南北候鸟的迁徙线上。秋末春初，成群的斑头雁、绿头鸭、黄鸭、灰颈鹤等候鸟在这里栖息觅食，补充体力，以便飞往更远的地方。每当此时，众鸟齐聚水面逐波戏浪，自成天趣。夏季，对对白鹭栖息于湖畔，或穿梭于柳荫，或伫立于浅滩，勾画出一幅幅优美的画面。上游湖畔数百亩的滩涂，雨过天晴，绿草茵茵，成群的牛羊在草滩上游走吃草，又是一幅塞北草原风貌。行走在红河湖畔，让人既有江南风光旖旎的水乡之美，又有北方粗犷雄浑的草原游牧风情，给人不是江南胜似江南的美感。

【历史悠久　人杰地灵】

早在5000多年以前，红河的士子崖、石家窑、草坝的唐河口等地就有人类生活。崑水河和天水杨家寺河两岸的河谷川原地区，历史上被称为"小秦川"，在古代是联系渭河流域与西汉水流域的重要孔道。

红河是秦先祖在礼县生活的重要区域之一，考古发现的面积在30万平方米以上的文化遗址有1个（六八图），面积在30~10万平方米之间的文化遗址2个（费家庄、焦家沟），大、中、小不同规模的遗址构成了"六八图—费家庄"遗址群，是周秦文化在礼县的三个活动中心区之一。1919年出土于红河王家东台的秦公簋（现藏于中国历史博物馆）是认定秦人早期在此生活的重要佐证，器腹内壁有"秦公作宝用鼎"两行六字铭文，器物整体肃穆高古，庄重大气。天台山被大多数地方史志学者考证为秦先祖祭天场所，汉魏时山麓始建寺庙，隋唐时建成闻名秦州的庆云寺，宋明时期，屡毁屡建。宋金时期，陇南成为两个政权进行军事争夺的中心区域。宋在陇南驻兵数十万人，在天台山上修建城堡，派守驻军，瞭望敌情，当年报告战情的"天台钟声"曾名扬陇右。

数千年的人文历史，使得红河这片土地的文化积淀深厚绵长，地灵人杰，加上仰韶文化、秦文化、三国文化等多元文化的交流碰撞，形成了特殊的文化特点和浓厚的文化氛围，从而滋养孕育了一批才能卓著的硕彦明贤。其中最负盛名的当数东汉时期的辞赋家,"陇上三大家"之一的赵壹。赵壹,字元叔,汉阳郡西县(今甘肃礼县人)。生当东汉后期党锢之祸的年代,是文学史上的著名作家。早年穷困乡里,后得到河南尹羊陟等人的称荐,名动京师,然屡次拒绝州郡礼遇和朝廷征辟,后以郡吏卒于家。

【产业富民　聚力振兴】

田间地头绿意盎然,农家庭院错落有致,休闲广场设施齐备,合作社里欢声笑语……在同心村,随处可见生机勃勃的动人画面。

一路走来,同心村探索出了一条从生态美到产业美再到生活美的新时代乡村振兴新路。面向未来,同心村正全面推进乡村产业、人才、文化、生态、组织振兴,不断发挥农业产品供给、生态屏障、文化传承等功能,以更有力的举措、汇聚更强大的力量,加快农业农村现代化步伐,促进农业高质高效、乡村宜居宜业、农民富裕富足。

"三产融合、共建共享"这关键一招,激活了偏远山村整盘棋。近年来,红河镇党委、政府不断优化产业结构,围绕培育区域性优势农业产业和地方性特色农产品,通过"合作社+基地+贫困农户"模式,大力发展绿色生态种植产业,进一步拓宽贫困群众致富路,真正让群众"口袋"鼓起来。目前,同心村有西瓜种植大棚840多座,年产值达到300多万元,带动周边群众人均年增收约5000元;油菜花、玉米、土豆等集中连片种植7000亩;有葡萄100亩,核桃1000亩;秦皇湖周边各种小经营点10多家,旅游收入30万元。位于同心村的礼县先秦御泉饮品有限公司投资5072万元,生产的"先秦御泉"纯净水,销售至西和、甘谷、武山、会宁、武都、天水、银川、青岛等地,并带动42户群众致富增收。如今,红河镇"水库以下发展苹果种植和养殖业、水库周边发展旅游服务业、水库以上发展大棚西瓜和中药材种植"的产业布局正逐步形成。

建功新时代,奋进新征程。在这片希望的田野上,伟大的脱贫攻坚精神将继续激励红河儿女,以永不懈怠的精神状态、一往无前的奋斗姿态,咬定青山不放松,脚踏实地加油干,全面推进乡村振兴,努力绘就乡村振兴壮美画卷!

新庄村：山水蝶变　幸福启新

深邃的山冲、错落的农田、茂密的森林、苍翠的林海，群山间一大池青山倒映的绿水，山上鸟语花香、山花烂漫、奇树异果，山下泉水叮咚、溶洞遗迹，山边白墙黑瓦、小桥流水、炊烟袅袅。

这就是最美、最清，四季如画的梦里老家——礼县湫山镇新庄村。在这里，没有尘世的喧嚣纷扰，只有山青、水秀、天蓝蓝，飞鸟嘤嘤成韵，花草清香袅袅，是一片远离红尘感悟自然、陶冶性情的世外乐土。

【山水画卷　美不胜收】

湫山，《礼县志》载：因上坪、下坪两村小盆地周围崇山峻岭，群山环抱，故称湫(jiǎo)山。湫山镇位于礼县城西北约50千米处，西北与岷县马坞乡毗邻，东与礼县罗坝乡、南与洮坪乡、上坪乡接壤。

新庄村地理环境优美，自然资源丰富，境内峰峦叠嶂、莽林森森、流水穿石、危崖嵯峨，是一处不可多得的旅游胜地。村庄坐落在两道沟的沟口，沿着沟而上，是一处10千米左右的清涧，两岸是绵延的山峰，山脚处与清涧相依有一条蜿蜒小路，新庄村另一个村民小组直沟组，就在这道沟里。沿着直沟而入，行约2.5千米，再沿着山路而上，有一独特景点，人称"南海"。所谓南海就是在半山腰低洼平坦之处有一天池，四周崇山峻岭，参天古柏，云蒸霞蔚，云雾缭绕，鸟语花香。

春天，山花烂漫，桃红柳绿；夏日，苍山如海，溪流飞花；秋天，万山红遍，秋水碧透；冬日，山梅怡红，分外妖娆……尤其以南海圣水、坪头宝刹、云雾罩堡、泰山凤鸣、宝塔颂功、花桥卧波、仙山明珠、鹤栖莹林八景为代表，形成了湫山独特的自然景园，南北两山中马骑山、达珠山、大竺山、骆善山、北海、南海等翠峰最为迷人，燕子河横穿湫山全境，如一条飘带串起湫山的村村落落。沿着燕子河，天然形成了鬼斧神工

"破花崖"、柔能克刚"流水穿石"、中流砥柱"水上劲松"、微风排空"小华山"、灵山怪石"瘆撺蛤蟆"、天然叠石"状元塔"、奇山峡谷"黑塘湾峡"、燕河咽喉"鱼槽"、古树虬根"姊妹椴"等翠峰怪石,鬼斧神工、千姿百态、优美纯净,令世人陶醉痴迷,叹为观止。

【文化深远　历史厚重】

碑刻作为一种重要的文物,记载了大量珍贵的历史信息,是研究碑刻所记载内容的直接而重要的历史资料。湫山镇历史悠久,其境内文物资源众多,尤其是古碑刻资源极其丰富。

"湫山观音圣境之碑"位于湫山乡上坪村坪头寺,元至正(1341—1368)年间立石,为县级文物保护单位。坪头寺正殿额枋保留有元代建筑特色,其主体经元明清及近现代多次维修,保存状况较好。寺内另存有明崇祯癸未(1643)"圆通妙境圣碑"和清康熙戊午(1678)"圣境碑"(会缘碑)。北村道旁存有乾隆五年(1740)"直隶顺天府霸州州判杜善神道碑",是乾隆皇帝为雍正皇帝冤杀的秀才霸州州判杜善平反昭雪的神道碑,其对于研究元代礼店元帅府史事以及湫山地方历史地理、民间书法和石刻艺术具有重要的文物价值。

湫山有着得天独厚的山水文化、历史文化,从元明时起,新庄村建有一座寺庙叫弘福寺,后来被大火所焚,明清重建,再被焚毁。寺内供奉观世音菩萨、八海龙王、四府龙君等尊神。现在,每年的农历四月初八,这里举行盛大的庙会,赶会的人们摩肩接踵,客运车、私家车、货车、摩托车源源不断涌入小镇的街道,穿梭的人群、热闹的叫卖、飘香的美食、喜庆的氛围浓缩在集贸市场中。"四月八"庙会由湫山民间信众感恩龙王护佑演变而来,随着历史的推移,"四月八"庙会已成为湫山一年一度的商业集散、文化交流盛会,当地群众在历年的庙会活动中展现出来的包容大方、质朴向善、开拓奋进、感恩图报的精神已成为当下湫山的新标签、新形象。

【乘势而上　接续奋斗】

田野里菜花金黄，峡谷里游客穿梭，集市上热热闹闹……脚下致富道路越多，新庄村群众的日子越过越幸福。

近年来，新庄村积极争取涉农项目，着力加大"三农"发展投入，夯实农业发展基础，提高撂荒地耕种率。同时，多方协调，邀请农技人员进村讲授农业相关技术，加强和改善农村生产生活条件，提高农业抵抗自然灾害和综合生产能力。当前，全村种植小麦200亩、玉米150亩、马铃薯200亩、油菜1000亩，种植当归、大黄、柴胡等中药材100多亩，合计增加收入227万元。在壮大种植养殖业的同时，新庄村积极协调各种资源，为剩余劳动力输转做必要的引导、帮扶工作，开展劳务培训，加大向外输转劳动力力度，迅速增加农民收入。每年，全村劳务输出人口230人，创收约690万元，有效增加了农民群众的收入。

高起点规划，高标准要求，依托燕子河流域青山绿水资源，湫山镇大力发展特色旅游业，推进旅游景点开发建设尽快实现新突破，注重历史文化的挖掘、保护与复兴，借助本地材料、本土做法，融入传统文化，坚持将唤醒乡愁记忆、推进乡村复兴贯穿工作始终，彰显文化特色，形成田园农产业带和生态旅游观光带有机融合的生态农业特色基地，打造了诗谷、花谷、药谷、欢乐谷、野营谷"五谷丰登"旅游品牌。同时，立足于湫山独特的气候、良好的生态旅游资源，打造"一村一品"生态有机农产品基地，发展优质杂粮、特色花卉等特色种植，建成并发展观光农业特色镇的发展模式，为乡村振兴添上了浓墨重彩的一笔。

乡村振兴的战鼓已经擂响，新庄村将牢记习近平总书记的嘱托，乘势而上、再接再厉、接续奋斗，着力推进巩固拓展脱贫攻坚成果同乡村振兴有效衔接，不断夯实农村发展基础，在千里沃野上闯出一片崭新的天地。

祁山村：三国名村　华丽蝶变

古今祁山，无尽故事。

在礼县西汉水北岸有一个古老的村落叫祁山村，这里山清水秀、人杰地灵，三国文化源远流长，堪称风水宝地，有"三国胜地"之美誉。

近年来，礼县祁山镇祁山村紧紧围绕乡村振兴战略总体要求，立足自身实际，提档升级村内的硬件设施，在高质量发展中实现乡村振兴华丽蝶变。现在的祁山村，充分利用三国文化资源优势，依托丰富的生态、农业、民俗等旅游文化资源，打造三国文化名村，成为周边县市游客乡村旅游的好去处。

【祁山堡·一峰独秀耸千秋】

祁山以其独特的地理位置而成为三国时重要的军事要冲，东起盐官，西至大堡子山，西汉水北侧穿境而过，绵延25千米，这一带的谷地，是

祁山武侯祠　　　　　　　　　　　　　　　　秦女儿

整个陇西（陇右）地区的枢纽位置，为入山主要通道，这里前可威胁天水、陇西等曹魏重镇，后可掌控广袤的陇南山地，谁掌握了祁山堡这艘山岳间的巨舰，谁就控制了陇右战场的航向。

祁山村处于西汉水流域，依山傍水，景色宜人，处于祁山自然风景保

护区，这里有油松、桦树、白杨、油桐、竹、柳、漆树等多种植物，被称为千年古堡的祁山武侯祠就坐落于祁山村南。历史的车轮滚滚向前，一切都将烟消云散。远眺祁山除了一片葱绿外，已看不到当年兵家必争之地的战火纷纷，但当时它连山秀举，罗峰兢峙，被誉为"九州"之名阻，天下之奇峻，地扼蜀陇咽喉；势控攻守要冲，成为三国时魏蜀必争之地，蜀相诸葛亮六出祁山，在这里留下了出师未捷的千古遗恨。

祁山堡依山就势修建，远看像茫茫大海中的一叶孤舟，是宽阔平川上突起的一座孤峰，高数十丈，周围里许，四面如削，高峻奇拔。祁山堡南面有暗道直通西汉水河畔，战时是堡内到山下取水的唯一通道。其独特的地形地貌，《水经注》《读史方舆纪要》等均有记载，古今地貌大体一致。祁山堡是诸葛亮挥师北上、六出祁山、讨伐曹魏的前沿指挥部，位于祁山

祁山村全貌

古战场中部，据历史记载，诸葛亮在此指挥三军攻魏，并在堡上调兵遣将、布阵设防，创立了让人们永远难以忘怀的战斗业绩。

【武侯祠·长祀地神护稼穑】

堡上武侯祠始建于两晋，后经明清重建，现保存下来的武侯祠为全国五大武侯祠之一，是国家3A级景区。

沿蜿蜒小道绕堡环行登上堡顶，是一座2000余平方米的平台，一片苍柏掩映之中，静列着一座有前后三院的庙宇，大门是朱红色三门木牌坊，悬匾"祁山武侯祠"。武侯祠现存殿宇为明清重建歇山式建筑，前后三院，依次是孔明殿、关羽殿、祈佛殿。正殿殿门悬匾"名垂宇宙"，门柱楹联："祁山诸葛列地营六出三分鼎；铁笼姜维开天阵一箭千古雄。"内塑诸葛亮贴金泥塑坐像，羽扇纶巾，仪态自若。正殿后，中殿为关公祠，后殿为起佛殿。

祠堂外面还修建了约有一米高的可供瞭望的围栏，站在围栏边远眺，西汉水绕堡滚滚西去，北山麓蜀军的九寨故垒、堡南集驯西凉战马的圈马沟、上马石历历在目，南面遥对的即是巍然屹立的大祁山。遥想当年，蜀军主力从汉中出发，自秦岭的群山万壑之间杀出，到祁山堡，入河谷地，直击陇右要害天水，局势豁然开朗："南安、天水、安定三郡叛魏应亮，

祁山堡全貌

关中响震"。

每逢农历七月二十三诸葛亮诞辰，民间则举行盛大庙会，杀猪宰羊，祭祀活动十分隆重。村镇盖起新戏台，诸葛神作为"方神"，从祁山堡武侯祠接神时，其牌位由长者双手供奉，唢呐引路一直将其请到神台，沿途百姓摆香案跪叩迎接。唱戏剧目有秦腔《六出祁山》《智收姜维》《木门道》《失街亭》《诸葛装神》《空城计》《陇上割麦》等。

【聚合力·共谋发展享盛世】

如果说生态宜居是乡村振兴的基础，那么产业发展就是乡村振兴的动力。近年来，祁山村以三国文化为依托，积极构建全域旅游格局，大力发展乡村旅游，助力脱贫攻坚，推动农业全面升级、农民全面发展、农村全面进步，为乡村振兴注入了强劲动能。

深度挖掘旅游内涵，精心培育"三国"旅游品牌，推动祁山村旅游快速发展，积极构建食、住、行、游、购、娱等新模式，将文化旅游资源和农业特色产业展示、采摘、体验相融合，辐射带动周边村庄，使祁山武侯祠景区成为全镇旅游产业的核心品牌。目前，礼县重点打造的祁山三国文化产业园项目，以武侯祠为核心，总占地规模约1600亩。该项目一期建设估算投资4.1亿元，已落实地方政府债券资金1.4亿元。产业园建设完成后，将进一步提升景区的旅游基础设施和公共服务体系水平，有效改善旅游环境，不断提高旅游接待能力。

依托丰富的旅游资源，祁山村积极探索以旅带农、兴旅富民，形成了独具特色的"政府主导、文旅结合、统筹城乡、全域发展"旅游扶贫新模式，让农村的好风景变成了贫困群众的好"钱景"。把大力发展苹果特色产业作为调整结构、促农增收的主要措施，全面推广以苹果种植为主的产业发展思路，形成"一村一品"的产业发展特色亮点，增加群众收入，全面巩固拓展脱贫攻坚成果，提高群众收入，促进村级集体经济不断发展壮大。祁山村共创办了以苹果、花椒、养猪为主体的农民专业合作社19家，形成了"合作社＋互联网＋电商"产销对接一条龙模式。截至目前，祁山村种植苹果2200亩，产值2200万元；农家乐2家，收入40万元；劳务输出278人，创劳务收入556万元。2021年，祁山村被列为"全市乡村振兴示范村"。

美丽宜居，家园"颜值"越来越高；产业兴旺，致富"家底"越来越厚；文化铸魂，小康"底气"越来越足。祁山村以三国文化为依托，通过发展全域旅游带动乡村旅游，不断放大"旅游+农业""旅游+农村""旅游+农民"的叠加效应，实现了农业变强、农村变美、农民变富，将一幅祥和秀美的乡村振兴图景描绘得更加清晰。

青林村：小陇山下　乡村正美

在礼县的西北端，有一个叫作青林的小村落。村子70%以上的面积被植被覆盖，所有建筑与道路，几乎都"躲藏"在树木之下，即使爬到村旁最高的坡顶上俯瞰，也只能从一片葱茏绿意中隐约寻见青瓦白墙。

青林村地处小陇山林区，自然生态环境优美，区位优势明显。近年来，上坪乡加大对青林村旅游配套基础设施建设，先后建成村史馆、忠字碑、水车、古水磨等景点，加快推进青林村"生态人居、生态环境、生态经济、生态文化"四大工程建设，为青林村乡村旅游产业发展奠定了坚实的基础，上坪乡被省林业和草原局授予"省级森林小镇"称号。

【自然馈赠的神秘宝贝】

走进青林，就走进了一幅大自然的山水画卷。小陇山国家级自然保护区郁郁葱葱，动植物景观资源丰富，特殊的地质构造造就了遍布林中的流泉飞瀑，景色蔚为壮观，宜人的气候条件，还有高耸巍峨的群山，以及变幻莫测的天象景观，无不令人叹为观止。置身于内，春可赏花、夏可戏水、秋可度假、冬可赏雪，这里的山涧幽谷，清静典雅，鸟语长鸣；夏秋之际，宿雨新晴，群峰拥翠，令人心旷神怡；冬季之时，白雪覆盖山体，宛若天然的白色飘带……

青林村地处温带大陆性季风气候区，气候季节特征明显，冬长夏短，春秋宜人。受大气环流和秦岭阻隔影响，气候垂直作用显著。年平均气温6.8摄氏度，无霜期180天；平均年降水量605毫米，降水呈不均匀分布状态，全年降水集中在7、8、9三个月。青林村有着得天独厚的自然旅游资源，林地15771.8万亩，退耕还林面积2893.9亩，森林覆盖率为70.8%。漫山遍野是形态各异的树木，树种以桦木科、松科、杨柳科、槭科、椴科等针阔叶树种为主。野生动物有林麝、马麝、青羊、红腹锦鸡、云豹、毛冠鹿、羚羊、熊等50多种。

青林村广场

青林村一角

药材产业

这里属高寒阴湿地带，为全县最高地区，平均海拔2566米；境内没遮拦梁海拔3312米，其高为县之最。山系为秦岭西部余脉，地貌类型总体属于中切割石质山区。由于新生代以来内外地质作用影响，该地区花岗岩型峰林地貌景观发育较为典型。境内山地、沟谷、丘陵、沟壑、草甸交织分布，形成复杂多样的自然景观。其中分布于海拔2300米以上的高山草甸面积约20万亩,与岷县的狼渡草原、宕昌的草原相连,曾经作为礼县唯一养马基地的大河边马场就在这里。

【上坪大地的红色丰碑】

在清幽静谧、温润秀美的青林村,随处都可感知到红色故事与乡村记忆就像两根相互缠绕的绳索,不断在我们的心中起伏。

青林村处于陇南、定西两市,礼、宕、岷三县交界处,大山连绵逶迤,深涧纵横交错,是一个可进可退可攻可守并且辐射范围非常宽广的密林要塞。1936年9月,红二方面军按照中央指示,分左、中、右三路,挥师东进,开展成徽两康战役,消灭分散之敌,组建陇南临时革命根据地,以策应红一方面军和红四方面军实施静(宁)会(宁)战役。二方面军指挥部、二军四师、三十二军从荔川出发,经间井,于9月12日到达上坪,后经下坪、江口、龙山去西和、成县方向。9月12日,中路纵队在上坪黄嘴村与敌鲁大昌部相遇,俘获敌军30余人,枪30余支,马20匹。司令部设在玉皇殿村,贺龙住在马升荣家的五间上房。9月13日,总指挥部在玉皇殿村东河滩召开军直机关大会,二方面军副政委关向应主持,贺龙就关于今后去向问题发表讲话。红军宣传员用红土在村庄墙壁上书写"消灭毛炳文,活捉鲁大昌""灭富济贫"等大幅标语。9月18日,二方面军279团行至上坪关院峡的石垭豁,与敌部相遇,俘敌50人,缴枪100余支。在上坪,李映春父亲,马科选四叔,李彦堂,包荣荣,杨步高,李翠香(女)等人参加了红军。

厚重的历史,铸就了上坪的人文。正是沐浴着这种灵气,上坪儿女热爱家乡,热爱祖国,热爱党,热爱生活,在中国共产党的领导下,发扬革命先辈的优良传统,战天斗地,取得了一个又一个社会进步的新成就,阔步前进在实现中国梦的伟大行列中。

【徐徐铺展的振兴画卷】

乡村振兴,关键是产业要振兴,农业农村农民问题是关系国计民生的根本性问题。青林村有236户974人,大都以传统种植养殖业为主。随着经济的进步,村民们也有了更开阔的眼界,开始从传统种植养殖业向发展特色种植产业"转型":目前全村共养牛4000多头、养羊10000多头,产值

青林村全貌

620万元;养蜂400箱,产值15万元;种植中药材大黄300多亩,产值90万元……"贫困村"旧貌换新颜,实现农户增收,一幅宜业、宜居的绿色新村画卷正缓缓展开。

走特色之路,乘电商东风,立足本村地域特点,坚持发展旅游产业,村容村貌发生了可喜变化,为全村脱贫致富注入了新的活力。近年来,上坪乡把发展交通作为全乡的首要任务,实施乡村畅通工程,硬化道路,交通得到较大改观,到上坪乡林区、草原旅游的游客逐年增加。根据当地旅游发展需求,依托当地的自然条件,青林村抢抓机遇,在发展旅游产业上不断探索,利用自然资源环境优势和周边的乡村旅游景点,拓展思路,设计独具特色的、符合"青林"文化内涵的旅游产品,随着电子商务的发展,在上坪乡政府的大力支持和帮助下,积极开设了淘宝店铺"记忆水磨坊",

线上销售水磨玉米面粉、荞麦面和杂粮面粉等，线下也同时销售。

下一步，青林村还将继续借助"扶贫夜校"等宣传平台，加大全村"五小"产业政策宣传力度，最大限度地扶持培育本村产业发展，为全村的产业发展带好头、谋好局、起好步；在村委会和小陇山洮坪林场合作建有200亩林木育苗基地的基础上，青林村再加大发展，计划逐年完成1000亩的基地建设；加快培育农民合作社等新型农业经营主体，通过实际指导一批、成熟一批、发展一批，不断强化实用技术人才支撑；以森林生态保护为基础，以森林康养旅游为目标，按照总体规划，将建设食疗场所、运动场所等一系列森林康养的基础设施。

可以预见，"产业兴旺、生态宜居、乡风文明、治理有效、生活富裕"的总要求正在青林生根发芽，最终形成乡村振兴的向好格局，更好的日子在不远处招手。

文家村：诗意乡村　幸福文家

乡村，激扬着振兴的号角；山林，洋溢着兴奋的神情。行走在礼县永兴镇文家村，立体、生态、高效的发展新格局正在形成。

这是一片古老的土地，是先秦文化的发祥地；这是一片肥沃的土地，是甘肃省优质无公害苹果的示范基地；这是一片希望的土地，干部和群众携手共绘乡村振兴美好蓝图。

礼县永兴镇文家村坐落在秦西垂陵园遗址大堡子山脚下，距离县城约15千米，306省道穿境而过，西汉水、漾水河在此交汇，是"乞巧文化"的发祥地、先秦文化的重镇。

【先秦故里　诗意文家】

"蒹葭苍苍，白露为霜。所谓伊人，在水一方。"当《诗经》中的唯美诗句在礼县西汉水畔被吟唱，芦苇苍茫，幽幽伊人，回首千年时光，秦人曾在这片土地上深情凝望，千年诗句惊艳了时光，也留下了生生不息的文化基因。

文家村一角　　　　　　　　　　文家村群众在分拣苹果

文家村村貌

　　文家村拥有独特的自然风光，文化积淀深厚，礼县大堡子山发现的古墓群，被专家一致认定为秦始皇祖先的第一陵园，西垂陵园、大堡子山遗迹见证了秦帝国的崛起之路，在这里发掘出土了四座规模宏大的秦公墓，通过对出土文物分析研究，初步认定这是秦仲、庄公或襄公的陵墓。在文家村共发现了房址、墓葬、车马坑、灰坑、陶窑、水井、古道等各类遗迹699处，墓葬400多座，已清理墓葬27座、车马坑2座、乐器祭祀坑1座、大型建筑基址1座，其中两座"中"字形大墓系秦公墓葬，先后出土了秦公鼎、簋、壶等珍贵文物。秦公墓地的发现，确证这一带是商周之际早期秦国活动的中心，即《史记》记载的"西垂""西犬丘"所在地。有关专家认为，"秦西垂陵园的发掘，是20世纪继敦煌藏经洞和兵马俑之后的又一大发现"，对研究先秦时期的政治、经济、军事、文化、冶金、铸造、礼制、陵寝制度等方面有着不可估量的历史价值和学术价值。著名历史学家李学勤称"这一发现填补了秦早期文化的研究空白"。

目前，将秦早期都城、居址、建筑、铸造、礼制、陵寝等遗址和文化栩栩如生地展现在世人面前的重头戏已在这一片区拉开帷幕。

【川野红遍　产业丰饶】

走进文家村，公路两旁绵延山顶的苹果林带映入眼帘。在这里，春看漫山雪海，花开四野；秋看万山红透，累累硕果。

礼县是全国32个优质水果生产基地县、60个优质苹果生产重点县和全省5个优质苹果生产重点县之一，有着得天独厚的土地资源、气候以及独特的地理优势，适宜种植苹果，产出的苹果又红、又脆、又甜，很受人们的欢迎。文家村则是礼县最早种植苹果的村庄之一，早在1952年就开始种植，现有果园1291亩，户均5.6亩，全年总产值600余万元。

近年来，文家村"两委"立足当地实践，以老果园改造为依托，坚持按照"高产、优质、高效、生态"的要求，做大做强以苹果种植、销售为主导的支柱产业。2021年，村"两委"以党建为统领，创建"支部+合作社+农户"的发展模式，农户以土地入股的方式集中发展矮钻密植示范园240亩，带动116户村民参与发展，实现了从分散型、粗放型向集约型、精细型、科技型统一经营管理的模式转变，挂果后亩产将达到2万余元。目前，文家村有以苹果销售为主的优秀电商企业3家，大型果蔬贮藏库1处，形成了种植、收果、贮藏、包装、销售一条龙产业链，通过由礼县创立的"先秦贡果"，远销于广东、福建、深圳、香港以及东南亚各国。

文家村还不断创新思路、盘活资源，充分挖掘文旅产业融合发展潜力，创建以苹果花海观光、采风、摄影、苹果采摘为一体的文旅产业园，在千亩果园中修建观景台一处，为游人创造一个观赏游览制高点，永兴这颗"漾水明珠"被游客们尽收眼底，热情好客的人们欢迎社会各界人士，在苹果花开时节和盛果采摘的时候来这里体验感受田园风光。

【美丽乡村 幸福文家】

漫步在文家村，眼前的一幅幅景象，让人流连忘返：一片片嫩绿茂盛的苹果园，一座座绽放清香的庭院，一面面鲜艳的五星红旗，描绘出一幅"绿树村边合，青山郭外斜"的美丽乡村图景。

在加快美丽乡村建设中，文家村创新思路，充分利用历史文化和资源优势，在文旅融合发展方面狠下功夫，并且取得了一定的成效。以科学规划为前提，建设宜居宜旅新文家。文家村在科学规划新农村建设方面已走在了全县前列，高定位、高标准、高要求，着力打造文旅融合发展之路，充分融合先秦文化，科学谋划，利用靠近秦西垂陵园遗址独有的地域优势，集中展示民族文化特色和新农村建设的完美结合，把民居、田园、先秦文化、诗经文化融合在一起，构成旅游休闲的良好平台，为创建整洁、优美、舒适、和谐、美丽、宜居、宜旅的新文家注入活力。

2007年文家村被陇南市科学技术协会评为"礼县永兴乡文家村优质苹果示范基地"，2009年度被甘肃省委组织部评为"全省党的建设示范点"，2010年被中共陇南市委评为"全市先进基层党组织"，2011年被中华全国

文家村及其苹果产业

妇女联合会评为"全国妇联基层组织建设示范村",2011年被中共陇南市委评为"全市先进基层党组织",2020年9月被省妇联和住建厅评为"美丽庭院"示范村。

  守护绿水青山,建设美丽乡村,留住美好乡愁。下一步,文家村还将继续统筹推进农村人居环境整治提升和美丽乡村建设,把美丽乡村建设成现代农业新高地、美丽乡愁承载地、全域旅游目的地、农民幸福乐居地,以更大的决心、更明确的目标、更有力的举措,同心协力下好乡村振兴这盘"大棋"。

第九章 —— 两当县

陈家沟：果老故里　养生福地

这里有松涛林海的自然，这里有福地洞天的豁然，这里有世外桃源的悠然。如果想远离城市的喧闹与繁华，寻找一份久违的宁静，位于两当县杨店镇的陈家沟，就是你不可错过的极致美景。

陈家沟坐落于西秦岭南麓绵延起伏的丘陵地带、灵官峡森林公园的腹地，这里峰峦叠翠，风光旖旎，钟灵毓秀。在陈家沟美丽乡村示范点的创建上，杨店镇突出果老文化品牌，推动红色教育和生态康养双向发展，通过破旧建新、净化环境、治理有效、支部带动、富民兴村、文化惠民等举措，打造生态靓丽、宜居宜游的美丽乡村。

陈家沟一角 　　陈家沟街景

陈家沟广场 　　陈家沟全貌

【松涛林海　绿色氧吧】

陈家沟位于两当县东南部，杨店镇灵官村境内，距两当县城7.5千米。全村共有147户，485人，其中陈家沟组25户68人。

在陈家沟有一片白皮松林，遍布山峰峡谷，面积达4.46万亩，是"亚洲最大的白皮松天然林"。这里四季常青，苍碧遍野，清幽诱人，大自然古朴而清新的风就真真切切地涤荡着你的感官和五脏六腑，使你的每一根神经都为之振奋，这片野生白皮松大森林，是久居尘嚣者的向往，是休养生息的乐园。漫步在陈家沟，一股特异的油脂松香味便扑鼻而来，沁人心脾，四周是郁郁葱葱的天然野生白皮松，高大的白皮松保持着古朴的风貌。站在高处远眺，茫茫林海，巍巍青山，连绵起伏，蔚为壮观，一派盎然绿色尽收眼底，亭台阁榭、茅草小屋点缀林间，让人眼前豁然开阔，心旷神怡。置身其中，时有疾风掠过，闭上眼睛，聆听林海松涛，犹如站在海边，感受海浪叠起、拍岸回音之声不绝。春暖花开，林内苍鹭、白鹤、松雀鹰、细腿松鸡等百鸟争鸣，林中樱桃花成片绽放，好一个鸟语花香的世界。一场秋霜过后，在松树间伴生的核桃树、白杨树、枫树、榆木、山桃、水曲柳等，这些林木的树叶逐渐变色，黄的、红的、紫的，五颜六色，别有一番景致。

人们常说："桂林山水甲天下""赏过五岳不看山"。而走进陈家沟的白皮松林海，却有"白松林海胜桂林，别有洞天在灵官"之感，两当县的绿色林海正以她的博大胸怀和引人入胜的魅力吸纳着八方游客。

【果老故里　福地洞天】

陈家沟背靠鹫鹫山，位于灵官峡东侧。登鹫鹫山远眺群山蜿蜒连绵，森林景观气象万千，云山雾海美不胜收，自然景观和人文景观竞秀。鹫鹫山，传说是"八仙"之一的张果老"成仙"之地，如今张果老登真洞是两当著名的旅游景点，那里的景色凄清幽绝，隔绝红尘。

张果老是我国道教中八仙之一，有关八仙的神话故事，数百年来在我国和日本、朝鲜、越南等东南亚国家及西方各国广为流传，张果俗称张果老,唐代武则天、玄宗时人,新旧《唐书》中均有文字记述。张果老是八仙中最年迈的仙翁,名"张果",因在八仙中年事最高,人们尊称其为"张果老",他倒骑纸驴走南闯北的形象可谓深入人心,颇有喜剧色彩。张果老是一位在《全唐诗》留存下作品的诗人,同时他又是道教音乐的鼻祖,他曾演唱的道曲被后世发展成现今的"关中道情,湖北渔歌,山东渔歌,陇东道情"。

近年来,杨店镇依托灵官村自然秀丽的风光和深厚悠久的人文历史,把乡村旅游发展作为产业转型、生态建设、富民增收的重要支撑,围绕全县旅游发展思路,打造陈家沟国家2A级旅游景区,以"美丽乡村游"为主题,围绕让游客"静下来、停下来、住下来"的目标,深入挖掘历史文化、康养休闲、采摘体验等乡村特色资源,着力打造"吃住行、游娱购"为一体的乡村旅游升级版。

【精品样板　引领振兴】

自然和人文景观相竞秀,为陈家沟披上了一层神秘灵动的外衣,注入了深厚的文化生态内涵,为启动旅游生命力打通了鲜活的血脉。

依据"科学规划、区块建设、打造精品、突出特色、生态和谐、保护开发"的旅游发展总体思路,围绕"果老故里·康养陈沟"的主题,陈家沟以农耕文化、养生文化为切入点,从"吃、住、行、游、购、娱"进行全方位规划布局,整合美丽乡村、旅游扶贫、环境卫生整治、清洁小流域治理等项目,创建了陈家沟国家3A级旅游景区,陈家沟也先后入选甘肃省乡村旅游示范村、第二批全国乡村旅游重点村名录。

陈家沟以"支部+合作社""支部+公司+合作社"的产业带贫模式,创建了陈家沟千亩樱花休闲观光基地,发展育苗、土鸡、芦笋、花卉、中蜂、大樱桃、葡萄、花椒、核桃等多种产业,既夯实了美丽乡村建设的经济基础,又为脱贫增收提供了抓手,全村人均收入从2013年的2256元增加到2021年年底的11000元。陈家沟千亩樱花休闲观光基地正式成为甘肃省书法家协会、陕西省书法家协会、陇南市书法家协会、汉中市作家协会、汉中市书法家协会、陇南市美术家协会等单位的采风创作基地。陈家沟引进果老生态农业旅游公司打造林下休闲木屋、窑洞民宿和农场采摘园；引进甘肃石梅轩文化传媒公司和西北师大美术学院成立文创写生基地；引进甘肃河池古建园林修缮公司开办陶艺体验培训馆；借助省检察院帮扶力量，积极争取举办各级各类培训班、主题党日和结对帮扶活动；举办太极拳展演、红叶节、旅游美食节、农民丰收节等节会活动，吸引城市消费人群、增加农民收入的同时，为当地群众送上文化大餐。

新故相推，日新月异。站在新起点，面对新机遇，迎接新挑战。农业强、农村美、农民富的陈家沟，必将成为人们体验乡愁、旅游观光的绝佳目的地。

棉老村：长寿慢村　振兴先行

棉老村位于两当县云屏镇北面，现有居民262人。全村80岁以上老人占总人口比例的2.8%，超出全国1.4%的平均水平，是远近闻名的"长寿村"。

"长寿村"山环水绕，空气新鲜，民风淳朴。而山清、水秀、人和，也正是这里村民长寿的秘诀。这里海拔高，四面环山，森林覆盖率高，空气清新，使得当地平均每立方米含有高达2000~5000个负氧离子。

一个世外桃源之地，最美丽的是景，最诚挚的是情。随着乡村旅游这条致富路的不断延伸，棉老村就像深巷子一样让人回味悠长。在当下快节奏的生活中，不妨放慢脚步，来到"长寿村"，感受恬静的自然生活，享受一场心灵的洗涤之旅。

【资源丰富　风景秀丽】

棉老村自然资源丰富，地处小陇山自然保护区，村庄风景秀丽、四面环山、景色宜人，大阳山隔开了西汉水和嘉陵江，该区域属于典型的喀斯特地貌，岩溶遥列、或断或续，使云屏长岭逶迤、秀峰群立、层峦叠嶂、雄关险隘。每当清晨或雨天，山顶云雾弥漫，真有飘飘欲仙的感觉，真乃

"经纶世务者窥谷忘返,鸢飞戾天者望峰息心"。村内有民宿客房、餐饮、娱乐、蔬菜采摘、旅游观光等项目,是休闲度假、旅游聚会、避暑养生的首选之地。

棉老村内有西姑峡、"龙洞玉潮"、溢寿泉、不老神泉、双洞绝壁、穿心一箭、拦马断墙、飞来仙峰等景点,旅游资源十分丰富。西姑峡全长约10千米,在云屏三峡中可数第一,传说唐朝"安史之乱"时西姑公主为避战乱到此出家修行,因而得名。在近10千米的峡谷中,天与路同宽,路与天相映,山连山层峦叠嶂,水回水素湍跌宕,莽森覆盖着群岭,山岚缭绕着秀峰,站在谷底"隐天蔽日,自非亭午夜分,不见曦月"。周边的山上遍布树龄逾千年的云杉、冷杉、红豆杉等珍稀名贵树种,这里也是珍稀动物羚牛、黑熊、羚羊、香獐、红腹锦鸡的栖息地。从峡口处望去,一形如龙状的山头伏在河边,口含一大而圆的石头,貌似巨龙吐珠,当地流传顺口溜:龙洞玉潮,金鸭子游,浑浊雨清澈晴,姊妹守望不敢离。"龙洞玉潮"这一神奇的大自然景观,静等人们的探秘。

【历史悠久　长寿之村】

棉老村历史文化悠久,是名副其实的"长寿村",这里的老人普遍都是长寿的,80岁以上的老人特别多。也正因为如此,这里就成为人们眼里最适合养老的小山村,不少人慕名来此,正是为了体验这山村的长寿气息。

棉老村境内有两当号子、西姑庵石窟等非物质文化遗产和文化遗址。云屏号子自古拥有"陇南乐府"的称号,已于2021年被列入第五批国家级非物质文化遗产代表性项目名录。西姑庵石窟,坐落于云屏景区的最后一峡——西姑峡,始建于隋代,盛于唐代,传说唐朝"安史之乱"时西姑公主为避战乱到此出家修行,因而得名,该石窟为一处天然形成的洞穴,现存小佛像十六尊,有石雕、泥雕、木雕等,由上寺、中寺、下寺三部分组成,自古就有"小崆峒"之称。

近年来,棉老村紧抓全镇发展旅游的机遇,围绕"长寿文化"做足旅游文章,突出"长寿"文化,翻新建设溢寿泉、不老神泉等景点,统一农家乐菜式、沿线景点配饰，以小带大、以点带面，让游客在吃住行中皆能感受到"长寿"文化气息。村内建成村史馆、陶艺坊、手工艺坊、山水居养生小院等，在手工艺坊可体验木工、竹编、十字绣，感受农家工艺，回归自然；在山水居养生小院，可通过采摘、烹饪等体验，形成"超然于城市之上，归隐于农村"的慢生活。

【产业兴旺　乡村振兴】

走进棉老村，360度看云屏广场、三星峰、观景台、红枫林等自然景点尽收眼底。眺望远处，整个村庄层次分明，似红霞排山倒海而来，又有青翠点缀其间，红绿相间，瑰丽绚烂。沿着村内道路径直走，迎面而来的是山水居客栈，小院内芳草萋萋、小鸟啾啾，闻其声却未见其影，亭台楼阁与小桥流水相映成趣、林中摇椅与湖光山色相得益彰。煮一壶清茶，香溢满园，凭栏而望，满目斑斓，让人流连忘返。一切都是如此的契合，人与自然的相互依存得到完美的诠释，难怪这里被誉为"最适合养老的地方"。

近年来，全村还围绕"康养"和"居家养老"主题，积极在乡村旅游中探索开展农家乐、农家客栈"康养"项目建设和"居家养老"服务。目前，全村有农家客栈9家、农家乐3家，床位94张，旅游季可实现户均增收8000元。与此同时，棉老村积极发展旅游种植产业，种植蓝莓506株，种植花卉30亩，发展猪苓3.8万余窝，养殖中华蜂850余箱，着力打造人在景中、景在村中的美丽乡村，提升群众收入。棉老村还紧抓全县"双百千万"工程机遇，在村集体土地上建设花椒园，再次为增加村集体收入探索出了新路子，为群众发展"双百千万"树标杆、增信心。

产业兴旺，乡村振兴。如今的棉老村，家家户户都深挖长寿元素，围绕旅游开办民宿、发展特色小吃、发展生态产业，正在一步一步将乡村振兴蓝图变成现实，绘就出美丽乡村新画卷。

乔河村：绿色领航　聚力发展

这里风轻云淡，鸟鸣空灵；这里花径幽幽，庭院深深。这里就是位于两当县城西南部的鱼池乡乔河村，一个碧山环拱、绿水缠绕的小乡村。

近年来，乔河村依托独特的农耕文化和自然生态优势，在脱贫攻坚政策的助推和全乡干部群众的努力下，一个集农耕体验、休闲养生、观光采摘、娱乐度假于一体的乡村旅游示范村华丽登场，一个天蓝、山青、水净、地洁的小乡村焕发新生。先后荣获国家3A级旅游景区、省级乡村旅游示范村、省级精神扶贫示范村等多项殊荣。

【诗山画水　生态醉人】

行至乔河村，首先映入眼帘的，便是村口的这座小桥，桥下流水潺潺，野鸭嬉戏，跟着一脉溪流，

乔河村一角

乔河村广场

乔河村村貌

走进农耕文化体验区，漫步在二十四节气广场上，在四大祥瑞的立柱前伫立，远处的炊烟，缭起淡淡的乡愁，迎面的一袭绿荫伴着花香与清凉。

池塘里的荷花，在一片青绿中亭亭玉立，岸边的杨柳婀娜多姿，绿树倒影成趣，眼望四周，戴斗笠的钓鱼人，身着旗袍、撑着小花伞的佳丽，水中的莲，塘边的柳，仿佛一下子进入了《再别康桥》的意境。若领了孩子，他会挣脱你的手奔向儿童娱乐区，丛林穿越、三维太空环、独具匠心的游园是孩子们向往的地方，这样你可放心地在观景平台上看远山绿树，在亲水步道上重拾儿时嬉水的乐趣。

乡村大舞台上，时不时会有文艺演出和篝火晚会，忙碌了一天的人们卸下一身疲惫，伴随着悠扬欢快的歌曲，舞出心中快乐，你也可以上台吼两嗓子，体验登台高歌的痛快淋漓。远旅者若来乔河村，在帐篷营地安营扎寨，掬一捧小溪里的清水洗去风尘。

采摘园里，水津津的青菜、红的西红柿，绿的黄瓜，摘一筐蹚溪边淘洗鲜菜入锅，黄昏在石头桌、凳上铺了橙色的桌布，野炊的味道飘过高高的白杨树巅，喜鹊也按捺不住了。向绿树掩映的村庄深处走去，爱心超市、农家书屋、村医疗卫生室、新时代文明实践基地等入驻村庄，刷新了村风民俗，生活在美丽乡村，路上行走的农妇，凉亭下休闲的老人，豁达有度，悠然恬淡，路转溪桥忽见，旧时茅店社林边，农家客栈、农家乐，在绿荫和菜畦里等你。

【田歌民谣　乡愁流韵】

相传乔河村旧时曾居住着乔姓人家，乔家是当地一个善于经商的大家族，带动了附近村民的发展，村民为感谢乔家人，将该村改名为乔家堡村，新中国成立后，因旧时居住乔姓，加之沟水流经该村，就将这个村子一分为二，起名为乔河村和上河村。

村史馆里浸着泥土味的犁铧、量粮食的升子、纳鞋底的拧车子等老物件，都见证了古老农耕文化的变迁，如果不遇见，已淡出记忆，这些渗透着前辈们汗渍的家什，让人仿佛穿过了时光隧道，久违的眷恋里涌动着心酸、幸福、感恩的涟漪。看今朝忆往昔，可谓是忆苦思甜诉乡愁，凿饮耕食享太平，看过了那些属于时光的"老物件"，一个清幽、雅致的荷塘景色跃然眼前，一座亭子，不大不小，在荷塘之上等候，原木廊桥，不长不短，穿过亭子连着并不遥远的两头。

每逢有节日，这里便格外热闹，中国人的传统节日，在乔河被传承和发扬。铿锵有力、热闹非凡的锣鼓声阵阵响起，耀武扬威的雄狮在奋力地采青，一条条锦色长龙在会场上翻腾起舞，犹如邀游在霞光云海之中。再看广场边，是"九节鞭"表演，九节鞭甩起来苍劲有力、伸缩自如，像两条火龙飞舞在天空中。接着是"南拳"表演，表演者出拳就像猛虎下山，跺脚声在练场上回荡。到了傍晚，一盏高挂的油灯闪着长长的火焰照在夜空中，秦腔人物或端坐对话或驰骋斗打，形象有趣、唱腔优美、生动传神。还有玫瑰采摘节、广场舞邀请赛、小吃节、丰收节、钓鱼比赛……丰富多彩的活动，让你目不暇接，无论什么时候来，都能让你乘兴而来、尽兴而归。

【绿色领航　逐梦乔河】

如今的乔河村，芝樱花海游人如织，浪漫玫瑰娇艳盛放，金丝皇菊灿烂炫目，油菜花开香气四溢。羊肚菌大棚里，小小的羊肚菌破土出菇、簇拥而生；中蜂养殖基地里，一个个蜂箱有序地排着队，成群结队的蜜蜂"翩然起舞"。

一业兴，百业旺。这个沃土丰盈的小村庄，稻穗登场谷满丰，家家鸡犬列桑麻，美丽乡村的闲情逸致，现代农业的勃勃生机，把乡村振兴的美丽蓝图，一步步变为了现实。近年来，鱼池乡按照"规划高标准、一次到位、分年度打造"的思路，全面制定了乔河景区年度和中长期发展规划，逐步形成"一线一心五片区"的功能布局，随着精准扶贫政策的不断落实，通过积极争取项目，先后实施了2013年第一批通村公路通畅项目、乔河村清洁型小流域治理、环境综合整治、省级美丽乡村示范村、贫困村人居环境改善、生态沟渠治理、贫困村房屋综合整治项目以及2019年第一批产业增收资金等，总投资1200多万元。通过项目实施，乔河村于2017年实现了整村脱贫，并在解决"两不愁、三保障"的基础上，依托当地独特的农耕文化、自然生态以及地理优势，抢抓乡村旅游发展机遇，创新"五个统一"发展模式，走出了一条乡村旅游助推脱贫攻坚的新路子。目前，3家合作社流转土地种植蜜源花卉2210亩，建成了乔河村千亩蜜源花海示范园，农户参与花海建设管理，年带动300余人实现劳务增收120万余元，人均增收4000余元。

青山做伴，绿水长流。层层山峦似雄伟的屏障守护着这一片诗意的田园、这一片蓝天、这一方热土。

乔河村全貌

诗山画水，生态醉人，田歌民谣，乡愁流韵，这里正等待着五湖四海的游人来一场不期而遇的浪漫邂逅。

太阳村：红色引领　绿色唱和

广袤的陇南大地上，一处处红色坐标，见证了中国共产党壮阔的世纪征程。在那个硝烟弥漫的岁月里，革命的光辉、红色的印记遍布在这片土地上，为共产主义事业奋斗终身的誓言传承不息。

地处两当县最北端的太阳村，正是太阳寺改编的地方。90年前，两当兵变后的部队就是在这里改编为陕甘游击队第五支队。这是一座用忠诚和信仰铸就辉煌历程的村庄，如今，这片经历了枪林弹雨洗礼的红色圣地，正在上演一场美丽的蝶变。

【美丽太阳　生态福地】

一水护田将绿绕，两山排闼送青来。在水光山色的掩映之下，走进一处幽深的美丽乡村，放眼望去，水清岸绿，河道整洁，村居美观，景点连缀，宛如世外桃源。这就是两当县金洞乡太阳工作站太阳村。

太阳村，位于两当县城北部，距县城28千米，总面积35平方千米，全村共有69户，222人。据《两当县志》等史料记载：在北宋时期（约1015），开封府派人经过踏勘定位，选

太阳村

太阳村街景

太阳村游客接待中心

定在这块宝地建造敬奉人类生灵之神的圣地,名曰"太阳寺"。太阳,则因古寺而得名。

沿着嘉陵江支流铺叙,就是通往太阳村的道路。途中青岩耸峙,河谷蜿蜒。山水浩荡,卷轴似的打开西秦岭的浅山丘陵。两岸绿柳飘摇、生机盎然,宽阔坚实的大桥,平坦整洁的路面,一栋栋精巧别致、特色鲜明的民居星罗棋布,在浓浓绿意的映衬下,展现出浓郁的乡村风情。

走进太阳村,时间仿佛停滞——这里远离城市的车水马龙、霓虹闪烁,一切回归到原始的宁静;这里空气清新,阳光穿过厚厚的云层,毫无保留地沐浴着山村的生灵;这里人口不多,民风淳朴的乡亲将每一位踏入山村的朋友视为亲人;这里有大青石堆砌的老房子、生长千年的大槐树,每一块石头、每一棵树都在诉说着过去的故事……一棵七百多年的大槐树、一个斑驳的巨大石碾、一条通向远方的碎石子路,默默无言地见证着当年的历史,也见证了今天的繁华。据说,当年就是在这棵大槐树下,习仲勋同志站在石碾上宣布了部队改编。

【红色太阳　赓续血脉】

太阳村是红色资源非常丰富的地方,也是红色基因得以传承的地方。

1932年4月2日,由习仲勋、刘林圃等同志发动和领导的"两当兵变"震撼了陕甘地区,掀开了甘肃革命武装斗争的新篇章,起义部队沿两当河北上,在太阳村的大槐树下改编为中国工农红军陕甘游击队第五支队;1935年8月4日,程子华、徐海东等率领的红二十五军沿两当河北上,途经太阳村,向当地群众宣传抗日救国新思想。

今天的太阳村红军街虽然不长,但纪念馆、民俗博物馆、餐厅、拓展训练营……不同内容的旅游业态非常丰富。这里为游客提供了多种了解两当兵变、红军长征和当地历史文化的途径,以唤起游客对于革命历史的记忆。这些红色基因代代相传,就像一粒种子一样,在这里生根发芽,古有王氏智救落难女红军的故事告诉世人"红色"希望留在了这里,今有杜建栋、杨连科、高天赐、严永春、吴兴全等众多优秀太阳儿女先后投身革命，正是这种野火烧不尽，春风吹又生的信念与精神，成为中华民族前赴后继、薪火相传的源泉，从此引导中华民族走上了复兴之路。

行程万里，不忘来路；饮水思源，不忘初心。站在"两个一百年"奋斗目标的历史交汇点上，依托红色资源和淳朴的民风民俗，两当县正在逐步延伸旅游大规划，来两当观光、旅游的人数也越来越多。

【幸福太阳　产业富民】

红色引领，绿色唱和。

以"支部+"的模式，太阳村通过党建引领，打造了以红军食堂为重点的旅游餐饮阵地，利用原有闲置危房进行了维修改造，按照红色文化氛围精心装饰，引进了大世界小脚印旅游有限公司进行市场化经营，开发了红军搅团、酸菜饼、杂面等特色小吃。以拓展训练为重点，精心选址在水车园北侧，建设了一处红军拓展训练营，包括多人秋千、多人自行车、网红桥及儿童体验设施，让游客在训练过程中增强团队意识。

以"红色阵地+"的模式，太阳村打造了以国旗墙为主的旅游形象阵地，在水车园广场设置了国旗墙、团建合影台、儿童卡通合影台、签字墙、冲锋号、火炬等红色雕塑，进一步丰富了红色旅游元素，展现了红色旅游形象，营造了红色旅游氛围。以太阳驿站为重点，精心打造了集"换盛隆号商铺、太阳书屋、太阳茶室"于一体的太阳驿站，为游客提供了一处购物、品茶、读书的休闲场所，有力地提升了太阳红军街的文化旅游品位，活跃了经济，促进了太阳红色旅游业的可持续发展。

以"特色活动+"的模式，太阳村编排了"大槐树下的故事"音乐剧，传承着红色基因，"红色歌曲大家唱""党史故事大家讲"等固定党日活动，成为各地党员活动的舞台。以干部教育培训基地为依托，用好红军街、红军路、红军栈道等红色资源，将革命传统教育有机融入党员学习教育和工作实践之中，实现培训、教育、实践一体化。

如今的太阳村是两当河畔的美丽乡村，旅游业的发展直接带动了农户土特产的销售，农民收入显著提高，通过吃农家饭、住农家客栈、购农家特产、参加传统革命教育，助推红色旅游发展。同时，按照"三养一药"的发展模式，发展中蜂、土鸡、花椒、核桃、猕猴桃、板栗等多种产业，既夯实了美丽乡村建设的经济基础，又为乡村振兴提供了带富抓手。目前，太阳村实现产业收入130万元，人均增收5000元。

一段段峥嵘岁月，一段段红色记忆，一次次催人奋进。红色太阳，在革命战争年代，留下了无数的荣光，在今天，美丽太阳、幸福太阳更成了乡村振兴、美丽乡村的样板，展现出两当这片红土圣地的新作为、新发展、新景象、新风貌，见证了乡村振兴带来的村庄蜕变。

太阳村全景